図書館の基本を求めて X

『風』『談論風発』2017~2019より

田井　郁久雄

大学教育出版

目次

図書館の基本を求めてX

――『風』『談論風発』2017～2019より――

1

五年目に入った武雄市図書館

二〇一七年五月一八日の佐賀新聞に武雄市図書館の二〇一六年度の利用状況が報道されている。改修前の二〇一一年度と、改修後の二〇一三年度から二〇一六年度までの、来館者数、貸出点数、貸出利用者数の表が出ている（二〇一二年度は改修工事で五か月間休館）。表1ではこれを千の位にして書き換えた。貸出人数と登録者数の市内・市外等の比率も出ているが、うち登録者数は略した。

なお、新聞で「図書貸出数」と記されているのは雑誌やAV資料を含む数値なので本稿では「貸出点数」とした。この貸出点数の新聞報道の数値には二〇一五年度と二〇一六年度だけ、団体貸出の数字が含まれている。本稿の表では他の年度に合わせて個人貸出数に訂正した。それにより、二〇一一年度に対する二〇一六年度の貸出点数の比率は、新聞では一・二五倍とされているが、実際には一・

表1　武雄市図書館の利用状況

年度	来館者数（千）	貸出（千）		貸出人数の比率（%）		
		点数	人数	市内	市外	県外
2011	256	340	83	79.1	20.5	0.3
2013	923	545	168	56.5	32.1	11.4
2014	801	480	154	54.8	32.0	13.2
2015	728	444	150	55.0	31.7	13.3
2016	689	417	140	54.8	32.5	12.6

二三倍である。なぜ両年度だけ団体貸出を加えて発表したのか、理由はわからない。なお旧館時代で貸出点数が最大の二〇〇九年度と比べると、二〇一六年度は一・一三倍にすぎない。

二〇一六年度の来館者数は二〇一一年度比で二・六九倍である。すでに以前から何度も指摘してきたが、改修後の来館者数は、商業スペースと、歴史資料館の展示やイベントの部屋も含む、建物全体への来館者数であり、二〇一一年度以前の来館者数は図書館開架スペースに限られていたから、比較の仕方が不適切である。

むしろ注目したいのは、来館者数に対する貸出人数の比率で、二〇一六年度は二〇%にすぎない。来館者の八〇%は、本を借りていない。ふつうの図書館ではありえない数字で、スターバックスや蔦屋書店だけを目的に来館して、「図書館」や「図書館資料」には関心を持たない人がいかに多いかわかる。

図1のグラフは二〇〇六年度からから二〇一六年度までの年間貸出点数の推移である。二〇一三年度は二〇一一年度比で一・六倍だったがその後、急激に下がっている。改修に四億五千万円の税金を費やし、三

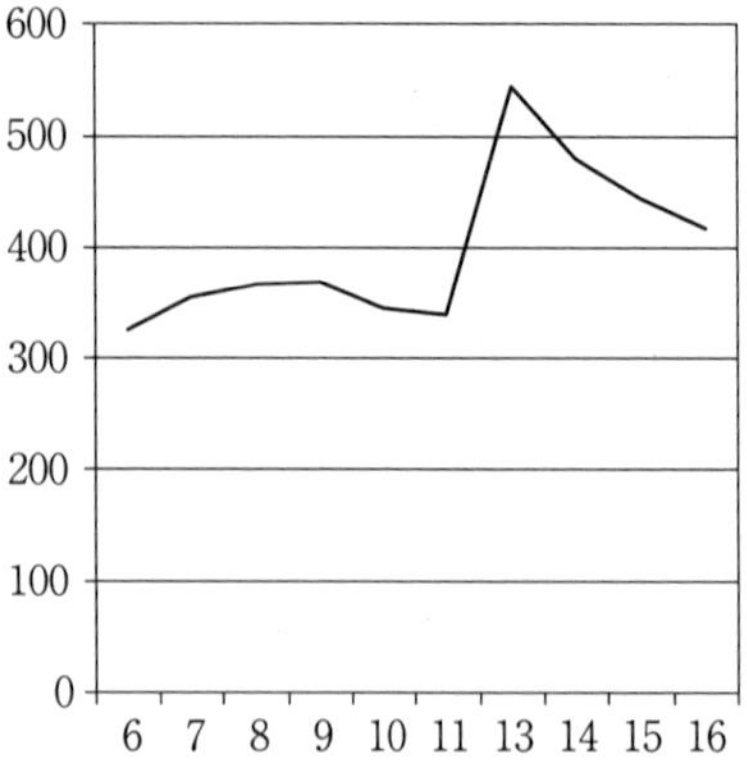

図1　2006~2016年度までの年間貸出点数の推移（単位：千点）

六五日一日一二時間開館で開館時間は一・八倍に増加したのに、とうてい割が合わない。二〇一六年度一日当たりの貸出点数では二〇一一年度とほぼ同じ、一時間当たりでは三四%も減少して、サービスの密度がずいぶん薄くなっている。

貸出人数で貸出点数を割った貸出利用者一人当たりの貸出点数は、二〇一一年度は四・一だが、改修後は二〇一三年度が三・二四、二〇一六年度は二・九八まで下がっている。一回に借りる点数が三点を下回るのは相当少ない。だんだん減少しているのは資料に魅力がないためか。貸出人数の市内比率により、武雄市民の貸出人数を出して、これに一人当たりの貸出点数を乗じると市民だけの貸出点数が推定できる。千点の単位で二〇一一年度は二六八、二〇一三年度以降は三〇七、二六三、二四五、二二八と減少している。つまり、武雄市民の貸出点数は改修後の二年目から二〇一一年度を下回り、その後さらに減少しているのである。

指定管理料は二〇一三年度が一億一千万円、二〇一四年度からは消費税が八%になったため、一億一三一四万円となり、二〇一七年度にはあらたに隣接地にこども図書館が建設されて一〇月に開館予定で、半年分の指定管理料三〇一七万円がプラスされて一億四三三一万円に増加した。こども図書館は現在の図書館との「一体性と相乗効果を考えて」ＣＣＣに指定管理されることになっている。

図書館費全体では改修前の二〇一一年度が約一億二千万、改修後の二〇一三年度は約一億五千万（うち指定管理料一億一千万）で三千万円以上の増加となり、さらに教育委員会内にあらたに図書館担当の職員が配置されているので、実際にはこの人件費も増加分となる。二〇一四年度と二〇一五年度は補正予算が付いたりしてわかりにくいが、一時経費としての工事請負費を除いた経費はおおよそ二〇一三年度と同じか多少増えているくらい。それが二〇一六年度になると、こども図書館関連の費用が七千万円近く加わって総額約二億三千万円に、二〇一七年度はこども図書館の工事費や準備のための委託料など約二億七千万円とさらに従来の図書館にも工事費約九千七百万円必要となり、図書館費総額は五億七千六百万円になっている。佐賀新聞はこども図書館の事業費全体は三億八七五〇万円と報じている。何か湯水のごとく図書館にあるいはCCCにお金が注ぎ込まれているという印象である。

先日五月三一日に、蔦屋書店の一部だったCD・DVDのレンタルフロアが閉鎖された。この秋に、学習コーナーとしてリニューアルするという。佐賀新聞によると、「市が学習コーナーを拡充するため、（CCCに）賃貸契約解消を要請、CCCが応じた」ということ。この改修のための経費は机などの備品を含めて五七〇〇万円以上となる。

武雄市図書館がもっとも利用が多かった二〇一三年も、CD・DVDのレンタルフロアだけは閑散としていて、ここはだれが見ても失敗であるのは明らかだった。指定管理の五年が終われば、CCC指定管理が継続される場合でも、レンタルフロアについては市へ返上するか別の提案をするか、ＣＣＣにとっては、そのまま継続したくないフロアだと容易に推測できるほど低調な状況だった。ＣＣＣから市へ返上するのであれば、もとの状況に戻したり、次の使用のための最小限の改修をするための費用は、当然だがＣＣＣが負担しなければならない。

ところが市は、まだ指定管理の期間が終わらない四年目に、市の方から学習室へのリニューアルを申し出て、「ＣＣＣが応じた」。市がＣＣＣに頭を下げてお願いをして、ＣＣＣがこれに同意してくれたという形になっている。市の都合で返してもらって改修するのだから、そのための経費はすべて市が負担することになる。レンタルフロアが失敗して、ＣＣＣの方が契約解消をしたい立場なのに、わざわざ市の方から手を貸して助けてやっている。私は武雄市図書館がもっとも賑わっている時期に二度、それぞれ朝昼晩に訪ねているが、いつも二階の部屋の座席は空いていた。それにもともと、学習室などは図書館機能の本質には沿わない。

もとの図書館は建設されて一二年くらいだったのに、四億五千万円の税金を費やして大改修した。それからわずか五年目にまた、約一億円の改修をする。四億円近い経費で隣にこども図書館もつくる。場当たり的で、道楽的で、ＣＣＣへは過剰なまで配慮して……私はそんな感想を持つが、市民はどう思っているのだろうか。

（『風』No.194 2017.6.10）

集まって雑談する――風通しのよい図書館談義を

少人数だが定期的に図書館の関係者が集まって話を交わす会が、私にはいま二つある。一つは『談論風発』の会である。図書館批評誌『談論風発』の編集会議という名目で、おおよそ一か月に一回の頻度で集まっている。人数は五人～七人くらい、場所は神戸市である。

この会の前身は『三角点』で、前川恒雄、伊藤昭治、馬場俊明、山本昭和の四氏により、二〇〇二年二月に復刊1号が刊行された。私は伊藤昭治氏に声をかけていただき、2号からこの会に参加した。『三角点』は、前川氏の東京への転居などもあって、二〇〇五年一二月刊行の一六号で終刊したが、その後、二〇〇六年四月に、誌名を新たに『談論風発』と変更して再出発し、それから一〇年以上、メンバーも少し変わり、現在40号まで刊行を続けている。

『三角点』の頃から一五年以上、私はこの会の集まりのために毎月、いつも往復在来線で神戸へ通った。片道二時間半以上かかったが、休んだことは一度もなかった。何よりも、特に『三角点』の頃は、とにかく勉強になった。前川氏や伊藤氏からできる限りのことを学びたいという気持ちでいっぱいだったし、お二人は私が同誌や個人誌『風』に書いた内容については、たいていい何か感想や意見を言ってくださったので、毎回が楽しみで励みにもなった。私がそれまで知らなかった図書館界の話などもあれこれ聞くことができた。

『談論風発』の例会は、編集会議とは言いながら、実際には情報交換と雑談のための会である。しかし、同人誌の編集というのはもともと情報交換と雑談から始まるものであろう。私自身に限れば、岡山に閉じこもっているとどうしても視野が狭くなるので、関西や中部のニュースや動きを知り、仲間の意見が聞ける機会は、それだけで貴重だと感じている。

何よりも雑談そのものが、私にとっては大切である。仕事をしている時なら、それだけで多くの人たちと、さまざまな内容について会話を交わしているが、退職をすると人と話をする機会が激減する。何人かの集まりに出て会話をしていると、新たな知識を得るし、会話を交わしながら考えたり、ヒントを得たりする。気がつかなかった方向性が見えてくることもある。

その点では、もう一つの、岡山市で細ぼそと続けている「第4月曜日の会」も同じである。数人の集まりで、特に目的もなくて、まさに情報交換とおしゃべりだけだが、私にとっては、それだけで十分意義がある。しゃべっているうちに、それまで漠然として曖昧だったことが、整理されて明らかになってくることもある。

活字を読んだり、ネットで情報を得たりしているだけでは、頭の中がマンネリ化し、老化していくような気がする。一人で考えていたのでは、何かが欠けてしまって、もの足らない。

図書館関係の雑誌などに、難しい用語やカタカナが多く、人を煙に巻くような文章がよく出ている。何が言いたいのか、何が書いてあるのか、焦点がぼやけた意味不明の文章もある。他人事ではない。私は何か書くときは、わかりやすい、筋の通った文章を書きたいと、いつも思ってきた。そのためにも、ふだんから人と会話し、関連のテーマで雑談を交わすことは大切だと考えている。目の前の相手と直接話し、説明し、意見を交わして、相手の反応を確かめる。それも研修会のような堅苦しい場ではなくて、気兼ねすることのない雑談の中でこそ、本音を語り合うことができる。思い込みや独り合点、自己満足に陥らないためにも、雑談の機会を持ちたい。

図書館の日常の仕事のなかで、司書として、おそらく多くの司書職員が、疑問を抱え、意見があっても口に出せず、人間関係に悩みながら毎日の仕事に追われていて、できればそんな状況を少しでも改善したいと考えているのではないか。しかし、表だった職員会議のような場はめったに開かれず、参加できる人も限られているし、参加しても本音の発言はなかなかできない。個人的に自由に参加できる集まりがあれば、上司と部下の間でも、お互い司書であれば遠慮のない論議ができる。図書館関連の団体やさまざまな研修会もあるが、できればそれとは別に、もっと身近で気楽に話し合える集まりの機会がほしい。現役の頃もそう考えていた。

長年司書として活躍し、研究会などで発表をしたり、役員を務めたりして、全国的にも知られていた図書館員が、トップに近い役職になって、当局から指定管理導入の強い圧力がかかるようになると、反対する職員を押さえつける側に転じ、率先して指定管理導入を押し進めるようになったという話を最近聞いた。

図書館にはしばしば、対外的な場と図書館の現場の顔を使い分け、外の評価によって自分を売り込むタイプの職員がいる。本来はまず職場内で信頼され、評価される仕事をして、その土台のうえに、外の活動においても評価されるのでありたい。

彼の場合詳しい事情までは知らないが、私が知る範囲では、彼は、対外的に活躍していたときから、だれとでも胸襟を開いた率直な議論や話し合いをする人ではなかったし、おそらく職場においても、同僚や後輩の職員とふだんから気軽に語り合う場などは持っていなかったのではないか。人間あるとき突然、表裏が変わったりはしない。逆に言えば、みんなが自由に話し合える風通しのよい集まりがあって、彼が参加し話し合っていたら、違う結果になっていたかもしれない。

また別の話。今年図書館を退職した人から、自費出版の著書をいただき、内容を読んでちょっと驚いた。図書館界で話題になった事例について、自説が展開されている。『絶歌』の問題では、私が書いたことや、「図書館の自由に関する宣言」自体までも批判している。しかし、そのことに驚いたのではない。

私が知る範囲では、彼は現役のとき、新著のような発言を何もしていない。同じ職場で彼の先輩だった知人に聞くと、やはりそんな内容の発言など彼の口から聞いたこともないし、そんな考えだったとは知らなかったと言う。

彼は図書館では幹部職員だったのに、なぜ直接仕事に係わりがあるときには黙っていて、退職してから発言するのだろうか。真面目な穏やかな人だと思っていたので、悪い感情は今でもない。しかし、今さら議論する気は私にはないし、ご本人にもないだろう。彼は、おそらく職場内でも他の図書館の職員とも、図書館問題について意見を交えることをしないで、退職のあと胸の内をはき出した。それで気が晴れるのか、図書館の運営とは彼にとって何だったのか、ほんとうに不可思議な気がする。

最近雑誌で読む文章には、自己満足的な中身のない内容が多いような気がする。その一方で、各地の図書館員から直接聞く話では、「変な方向へ動いている」「おかしいと思うがどうすることもできない」「はり合いのある仕事ができない」など、何か元気がない。もともとあったはずの意欲が空回りして、あきらめの気分の方が先行している。そんなとき、愚痴でもよいし憂さ晴らしでもよい。とにかく侃々諤々《かんかんがくがく》みんなが話すことのできる雰囲気と場がほしい。しんどい気分に閉じこもっていては、専門職の一生の仕事としてつまらないではないか。「運動」だの「勉強」だのと考えるとためらうかもしれないが、雑談しながら図書館について考える仲間をつくるのは難しいことではない。私自身は年を取ったから気楽な立場だが、現役の人たちもその程度の気持ちのゆとりはつくって、自分と図書館の可能性を広げてほしいと思う。

（『風』No.195 2017.7.10）

話題の図書館について、評価の違い

全国的に評判になり、研究会などでもしばしば発表をしている図書館を見学したとき、なにか腑におちない思いをすることが、最近多くなった。対象を市区町村図書館に限るとするが、図書館の基本的な役割をどう考えるか、あるいはサービスの最重点をどこに定めているかという点で、最近の図書館界一般の理解に対して、私の考え方が違っているためであろう。

私は市区町村図書館の基本的な役割は「資料提供」あるいはもう少し範囲を広げて「資料・情報の提供」だと考えている。これは図書館員だったときも現在の利用者の立場でも、自明のことと考えているが、この基本についての考えが異なる、あるいは明確でない図書館が、別の面を強くアピールして評判になっている。これが最近強く感じる違和感であり、図書館評価の違いもその点にある。

図書館を見学するとき、たまたま選んだある日ある時間帯を見ただけで、資料提供についての図書館の考え方やその活気度がすべてわかるわけではないが、それでもおおよその状況は感じとることができる。資料提供に積極的でない図書館は、見ればわかるものだ。

しかし実態を正確に、客観的に知ろうとすれば、統計の数字で確認しなければならない。資料提供に前向きの図書館は、ふつうは統計についての意識も敏感で、質問するとすぐに答えが返り、資料も見せてくれる。ところが最近話題になる図書館ではしばしば、統計情報を積極的に開示してくれない。マスコミで盛況だと紹介されるときも、研修会などで発表されるときも、貸出の数値が出ていないことがよくある。新設の図書館で入館者数が派手に発表されているのに、貸出数が公表されないため、客観的な比較ができない。後に『日本の図書館』が刊行されて貸出の数字を確認し、この程度だったのかと思うこともある。指定管理の図書館では特に、情報の開示に後ろ向きである。

「貸出の数字に一喜一憂しない」などと言って、そのような姿勢自体を図書館のあり方として主張している図書館もある。そんな図書館がアピールしているのは、たとえば課題解決についての特定の事例やエピソード、にぎやかなイベント・催し、市民が出会いふれあう場としての役割など、さまざまである。なかには、施設が立派で予算もそれなりに多い図書館もあって、それ自体が評価される場合もあるが、その場合も、恵まれた条件の割に、貸出の数値は物足りない。図書館が社会的にどんな役割をはたしているかという「理論」を、開設して何年も経たないのに実績以上に強調する図書館もある。ビジネス支援が話題になっていた頃、立派な理論を長々と展開するレポートがあり、その図書館を見学に行くと、水準以下の実態で詐欺にあった気がしたこともある。いずれにせよ、あれこれの試みが成功しているのなら、その結果として、なぜ多くの人たちが図書館資料を活発に利用しないのか、貸出の数値が伸びないのか、納得のいく説明を聞くことは少ない。私は貸出の数値は図書館のさまざまなサービス活動の総合的なバロメーターだと考えている。

「一喜一憂」まではしなくても、数字は実態を表す指標なので、実態を把握しながら仕事を進めようと思えば、職員は貸出の数値に敏感でなければならない。肝心なのは数字そのものではなくて、数字が示している実態なのである。資料の利用が少ない場合あるいは減少している場合は、必ずそれを招いている理由がある。選書が適切か、展示されている本は動いているか、職員による資料の案内や紹介は的確か、開架フロアを巡りたくなる魅力がつくられているか、日々の仕事のなかで職員はいつも意識的に取り組むことにより、図書館は発展していく。資料の実際の動きを肌で感じとることのできる職員は、その裏付けとして、統計の数字によって正確に実態を知ろうと努めるものだ。統計の動きに関心を寄せないでいると、自己満足に流れ、外部にも主観的な成果を語るようになる。

資料提供を重視するなら、資料費は図書館にとって生命線となる。資料費が少なく、蔵書内容が貧弱で、貸出実績も物足らず、それでいて、開館時間や開館日数は多く、職員数も多い図書館がある。指定管理者が、目新しい設備や機器類を提案し、マスコミにもPRしている。魅力のないサービスを長時間続けるか、目新しい機器・設備にお金をかけるか、経費を資料費へ回し、サービスの密度を高めて実績を向上させるか、限られた税金の使い方・生かし方は図書館評価の大事な論点である。

図書館の評価は、一定の年月を経たときにより正しく判断ができる。十数年前、ビジネス支援は「課題解決型図書館」の象徴的なサービスとしてはなばなしく打ち出された。

品川区立大崎図書館は早い時期から日本の「ビジネス支援図書館」事業を牽引した図書館であり、内閣府政府広報室刊行の『キャビネット』二〇〇四年八月一五日号に、何人もの人が利用している写真入りの記事で紹介された（ただし誰が見ても明らかなヤラセ写真ではあったが）。

私は二度見学に行ったことがある。その感想は『風』にも書いたことがあるが、ビジネス支援の部屋の利用者は二度とも、私以外だれもいなかった。

二〇一五年四月一日更新の日付で、品川区立図書館のホームページに「大崎ビジネス支援図書館事業の終了について」というお知らせが掲載された。三月三一日に大崎図書館のさまざまなビジネス支援サービスも、「大崎ビジネス支援図書館ホームページ」「同メールマガジン」もすべて終了し、「ビジネスコーナー」だけとする、という内容である。

ビジネス支援のもう一つの代表的な事例である静岡市の御幸町図書館は、二〇〇四年に静岡市の繁華街の真ん中という、これ以上は望めないような場所に新設された。その内容や理念は一冊の本にまとめられ、全国に知られている。私も見学に行ったが、これがビジネス支援なのかと深く失望した。その時の失望の内容については、図書館名は出さずに『風』に書いた。

最近もう一度立ち寄ったが、以前よりもさらに魅力の乏しい図書館になっていた。岡山市の幸町図書館に近い規模なのだが、年間貸出数は幸町図書館の半分以下である。以前は御幸町図書館ビジネス支援専用のホームページがあったが、現在ではビジネス支援を特徴づけるページは何もないし、年報にも活動の記録がない。

現在も全国の図書館でビジネス支援サービスが展開されているということだが、その先駆けでもあり、内容的にも充実していたはずの大崎図書館や御幸町図書館では、ビジネス支援の旗を、わずか十年と少しで事実上降ろしている。

大崎図書館や御幸町図書館はある意味で「ビジネス支援サービス」の評価を象徴している。まず理屈が先にあり、実態が伴っていなかった。市民が利用し、実際に評価してくれたなら、ビジネス支援は定着しただろうが、そうならなかった。いま全国の図書館で実施されているビジネス支援サービスは、「課題解決型図書館」といえるほどの実態はない。従来から展開されていたレファレンスサービス、資料展示、イベントなどの一部分にすぎない。当初、ビジネス支援サービスはこれからの新しい図書館像を代表するイメージで主張された。それに対して、「資料提供」を図書館の基本の役割とする考えは、古い図書館のあり方として対比された。

いま話題の図書館への評価についての違和感は、かつてのビジネス支援サービスへの評価と重なる。図書館サービスの基本を見失った図書館が、十数年後にどう評価されているだろうか。

（『風』No.196 2017.8.8）

著作者と図書館について、くりかえされる発言

元朝日新聞記者の稲垣えみ子氏が雑誌『アエラ』連載の「アフロ劇場」（8月14～21日号）というコラムで、次のように書いている。

「講演で担当者と顔を合わせて挨拶をしたとき、相手が持っていた自著が図書館の本だったのに気づいた。顔を殴られたような気がして動揺した。私は傷ついたのだ。苦労して書いた本に敬意を払わず、買わずにタダで読んでいる。自分にはそんなに価値がないのか……」という内容である。

この稲垣氏の文について小田嶋隆氏が、日経ビジネスオンライン（8月25日）の「図書館よ永遠なれ」というエッセイで取りあげている。

これによると、稲垣氏の主張はネット上で炎上しているという。「節電生活、モノを持たない生活を実践しているのをネタにしてエッセイを書いているのに、自分が書いた本は買って読めというのか」「文章を書いて暮らしている者が、図書館の役割について意識が低すぎる」等の内容だが、ネットでは例によって相当汚い表現のバッシングになっているようだ。

小田嶋氏は「朝日新聞の関係者の発言は、ちょっとしたひっかかりがあるだけでも、とても良く燃える」「(稲垣氏の文章は) あまりにも無防備」と書いている。確かに、稲垣氏の文章や考え方には、いかにもそれらしきクセがある。私は稲垣氏の考えにはきわめて批判的だが、それでも、ネット上のこの種のバッシングには気分が悪くなる。

小田嶋氏は、「図書館については、昔から、文筆家の間でも意見が分かれている」としたうえで、おおよそ次のように続けている。

「五〇万部以上売れるようなベストセラーに限っていえば、図書館の大量貸出が著者に不利益をもたらす可能性は高いが、そんな本は年間の出版物のうち、ごくわずかだ。(私のような著者にとっては) 図書館で読んでもらえることは、普通に考えてありがたいこと以外のナニモノでもない」。

二〇一二年頃から、小田嶋氏はツイッターで次のような発言をしてきた。

《図書館は書籍売上のピークを下げるかもしれないが、裾野を嵩上げしている。だから私個人は図書館に悪い感情は持っていない。》

《図書館は、図書館に収蔵されることによって購入を放棄されるタイプの著者にはマイナスだが、図書館で読んだ読者の多くが著書の購入者に変ずるタイプの著者には恩恵をもたらしている。だから私は図書館には感謝こそすれ、恨みはまったくない。》

《(図書館で「タダで本を読もうという料簡は卑しい」などと言う人がいるが) それ「貧乏人は無知のまま死ね」ってことだぞ。(以下略)》

そしていま、氏は次のように書く。

「私自身は、図書館に通いつめた期間を、自分の全人生の中でほんの半年ほどしか持っていない人間なのだが、現在になって振り返ってみれば、あの、本当に、どこにも身の置き場がなかった半年ほどの時期が、自分にとって最も書籍から得たものの大きかった時代だと思っている。ついでに言えば、あの時代に、もし図書館という場所がなかったら、私はどこに居場所を求めてよいのやらたいそう困ったはずで、もしかしたら、そのままこの世の中からいなくなっていたかもしれない。そういう意味でも、図書館には感謝している」。

「読者が図書館でタダで本を読むために、本が売れなくなる。著作者に不利益をもたらす」という主張は十数年にわたって作家・出版者からくりかえされてきた。そのため今では、あらためて考えるまでもない、十分根拠のある事実だと思いこんでいる人たちがいる。

今年の新聞のコピーをみると、五月二七日と六月三日の朝日新聞「あなたへ往復書簡」では佐伯泰英氏と角川春樹氏が、図書館のベストセラー貸出と書店の廃業を関連させている。『新文化』一月一二日号では羽田圭介氏が図書館の新刊貸出を半年禁止すべきだと主張している。ベストセラー作家もエッセイストも、その主張は基本の部分で共通している。しかし図書館の貸出や新刊購入を制限したら、本がより多く売れるという根拠は、思いこみ以上には何も示されていない。

一方で、小田嶋氏のような発言も以前からあった。村上春樹氏、佐々木譲氏といったベストセラー作家や内田樹氏のような評論家など。小田嶋氏も指摘するように、「文筆家の間でも意見が分かれている」のである。ただ、世論としては前者の方が圧倒的に優位だし、発言も目立つ。小田嶋氏もベストセラーに限れば、図書館の大量貸出が著者に不利益をもたらす可能性は高いと推測しているが、これも実際には根拠がないと、私はいままで何度も、私なりに理由を挙げて説明してきた。出版界全体の問題として考えれば、核心は本を読む人を増やすことであり、図書館はまさにそのことに大きな貢献をしている。幅広い分野の本であれ、娯楽的な本であれ、ベストセラーであれ、読む人の裾野が広がることが、本の売上げにも反映される。図書館の利用を規制して、その結果、本を読む人や読まれる本の総数が減少したとき、本を買う人だけが増加することなどあり得ない。

かつて内田樹氏は、「図書館に新刊を入れることに反対する作家は、おそらく「自分の本を読む人」よりも、「自分の本を買う人」に興味があるのだろう。だが優先されるべきは、「本を買う人」ではなくて、「読みたい（けどおカネがない）人」ではないだろうか」。また、「誰でも最初は図書館の本や自宅にあった本を読むという「無償の読書体験」を長期にわたって経ることで知的な訓練を受け、買ってでも読みたいという意欲を持つほどに育ってゆく」」、という趣旨の指摘をしている（『週刊ダイヤモンド』2010.10.16）。

表現は違っても、まず「読まれる」ことを優先して考える意識は、図書館を支持する作家に共通している。そしてもう一つは小田嶋氏も語っている自らの図書館利用体験で、このことは佐々木譲氏にも共通していた。

逆に図書館を批判する作家の人たちは、図書館を利用してタダで本を読む人が増えると本が売れなくなる、図書館の新刊書の購入や利用を制限して、借りて読む人を減少させれば、本を買う人が増えると主張する。自らもおそらく図書館で新刊書を借りる体験をしていないのであろう。両者の違いは人生観や価値観、そして個人的な体験の違いなので、論議は平行し、図書館批判はいつまでもくりかえされる。

稲垣氏の発言に対して、ネットでバッシングが起こっているが、それは稲垣氏の経歴や生活スタイル、そして文章の書き方に起因する炎上であろう。今まで著名な作家・評論家が、基本的に同じ内容の主張をしても、炎上したことはない。その意味では、今回炎上した世論は図書館を支えてくれる世論とは別の声だ。

図書館関係者は、図書館の役割と実状を知る立場から、客観的に明確な根拠を示し、数字で裏付けて、この問題を論じなければならない。図書館員の発言を読んでくれる人は限られていて、私も継続して発言してきたが、たとえば左記の参考資料も、作家・出版界の反応は何もなかった。図書館関係からも、批判・同調のどちらの立場であれ、反論も、意見や感想も出なかった。せめて関連の発言があとに続くことを願ったのだが。

この論争が最初に起こった二〇〇〇年頃は、図書館の立場からの発言が相次いで、マスコミも取りあげていた。いま図書館員は表だって発言することをとかく控える。他人事のようにネットの声を話題にしているだけでは、図書館への理解は得られないし、深まることもない。

（『風』No.197 2017.9.5）

【参考】 田井郁久雄「図書館の発展は出版文化も発展させる」『出版ニュース』2016年2月中旬号（『図書館の基本を求めてⅨ』に収録）

情報公開とカタカナ語と「改革」と

いま話題の小池百合子東京都知事は、昨年の都知事選の公約の最初に「都政の透明化」を掲げ、情報公開の徹底を約束した。さらについ先日、総選挙に向けて希望の党の代表につくことを発表したが、その希望の党綱領には「国民の知る権利を守るため情報公開を徹底し……」という文言がある。ところが……

東京都の市場移転問題で「豊洲移転・築地再開発」を決定した後、どのようにその判断がなされたのか、記録を調べるため新聞社が情報開示請求をしたところ、記録の文書がまったく存在しないことがわかった。知事の定例記者会見で記者が、記録が残されていないことは情報公開という知事の方針に反するのではないかと質問したところ、小池知事は平然と、「それはＡＩだからです」と答えた。

「最後の決めはどうかというと、人工知能です。人工知能というのは、つまり政策決定者である私が決めたということでございます」。

だから文書としては残していないというのである。わけがわからない説明だが、記者はこれ以上は質問していない。これが通るのなら、森友・加計学園問題だって、「ＡＩだから文書が存在しないのです」と答えて済ますことができる。これが小池知事の「情報公開」なのである。

希望の党を立ち上げた九月二五日の記者会見で小池代表は、最後に、今まで国政のことは若狭議員などに任せるとして準備してきたことをリセットすると発言した意味を質問されると、「これはプッツンするものではございません。アウフヘーベンするものでありまして、意味は辞書で調べてください」と答えた。なおその三日後、民進党の前原誠司代表も、希望の党への「解党的合流」について、「これはアウフヘーベンです」と答えた。

こういう人たちがいま日本の政治をかき回している。これは喜劇なのだ、笑って見物すればよいのだと自分に言い聞かせたいのだが、現実には腹立ちまぎれテレビに向かって当たり散らしたりして、我ながら情けない。

希望の党は「日本をリセット」し、「大胆な改革」をすると主張する。その改革のベースは日本の伝統や日本の心を守っていく「保守の精神」だと言う。矛盾した言葉が並列し、具体的な内容はまったくわからない。自民党もまた「日本を変える」などと「改革」を叫び続けてきた。いまは国難だと、解散してまた何か変えるらしい。維新の会も大阪都構想など改革を叫ぶ。最大の改革は憲法改正で、この点では自民党、希望の党、維新の会はすべて一致して変えようとしている。「改革」が最大の目標になっている社会は忙《せわ》しくて刺々しく、ほんとうに息苦しい。

政界にも以前は別の知性があった。

二十数年前に首相だった人が、政治のあり方や首相の役割について、在職後だったと思うが、次のようなたとえを語っていた。

首相の役割は山手線の運転手のようなものだ。山手線が毎日ぐるぐると、無事平穏に運行している、そんな社会にするのが、良い政治のあり方だと思う。成熟した民主主義とはそういうものではないか。うろ覚えだがそんな内容だった。この人はもちろん自民党だったが、憲法第九条の改正には一貫して反対していた。英語力は政界随一と言われるほどだったが、カタカナ語で人を煙に巻くようなことはしなかった。


私が書きたかったのは図書館のことで、素人の政治談義をする気はなかった。

図書館についての論文やレポートあるいは講演などで、しきりにカタカナ語や難しい言葉を使う人がいる。なんとなく意味ありげな印象が残るが、実際には意味あいまいで、何が言いたいのか、おそらく本人にもよくわかっていない。具体的な数字や実態も示されない。

自治体が作成する図書館構想や計画にカタカナ語が多くなったのはいつ頃からだろうか。十年ほど前になるが、話題を呼んだ千代田図書館の「コンセプト」の説明では、千代田ゲートウェイ、セカンドオフィス、コンシェルジュ、キッズセミナーフィールド、リカレント支援などの言葉が並んでいて、当初、説明抜きでは何のことかまったくわからなかった。

最近名古屋市で提案された図書館再編計画は「アクティブ・ライブラリー構想案」と言うらしいが、何がアクティブなのか、本文を読んでも理解ができない。

図書館の世界でもちょうど二〇〇〇年頃から、「改革」という言葉が声高に叫ばれるようになった。課題解決型図書館、ビジネス支援、民営化、情報化、電子化などが、「改革」という言葉のもとに推進され、その一方で、「貸出中心主義や無料貸本屋からの脱却」が主張された。文科省が二〇〇六年に発表した「これからの図書館像」でも、その最初のページで「改革」という言葉が七回も繰り返されている。その「改革」は成果をあげているだろうか。しかし、「改革」の意識は変化しながら現在も継続している。

二〇〇一年に小泉内閣が誕生。この頃から特に、国の政治の動きが地方自治体にも、そして図書館にも強く反映されるようになり、強迫観念のように声高に「改革」が叫ばれるようになった。「行政改革」の圧力も年々強くなっていった。行革を進めるため、担当課でも図書館現場でも、膨大な資料を作成しなければならない。行革のために仕事が増えて、司書は利用者と向きあうことできなくなり、事務室で毎日資料づくりをするようになった。いま現在は、国が打ち出した公共施設等総合管理計画の方針に沿って、あちこちの自治体で、図書館で、職員は計画づくりに追われている。「改革」「変更」することが目的のようになっている。図書館への指定管理導入も、最近では明らかに経費の増大を招いているが、導入という「改革」が目的化しているために流れは止まらない。過剰なまでのイベントばやりも、常になにか面白い変わったことを求めようとする風潮の反映であろう。

その一方で情報公開はいつの間にか後退している。特に指定管理の図書館では指定管理料が億単位の莫大な額に膨れあがっているのに、その中身がほとんどつかめない図書館が多い。つまり税金がどのように使われているか、市民にはわからないのである。図書館構想や計画の過程も不透明になり、説明責任もはたされず、妙に行政のガードが堅い。役職者の司書は市民と接することをしないばかりか、現場の図書館員にさえ情報を伝えないため、職場の雰囲気が刺々しいという事例をしばしば聞く。国や政治の空気が、自治体にも図書館にも流れ込んできて、なんともいえず不透明で鬱陶しい。

山手線のたとえにうなずく人は、今ではほんとうに少ないかもしれない。しかし、いまの状況はなにかおかしいと思う人たちは多いはずだし、その人たちの声が少しでも大きくなってほしい。私の場合、まず大切なのは毎日くり返される日常の暮らしの充実であり、図書館はそのために欠かせない施設だと考えている。

図書館で、特に意識しないほど「空気のように当たり前の」(1)基本的なサービスが確かな根をはり、変わりなく毎年くり返されながら着実に成熟していく、私はそんなイメージを以前も今も思い描いている。それはけっして難しいことではないし、それほどお金がかかることでもない。平凡なありきたりのことを、身近な豊かさとして求めることは、現在の騒々しい政治や社会の状況と比べると、おそらくはるかに少ない経費で実現できるだろう。

しかし、そのためには最後は「人」の問題に行きつく。図書館でも、目立たない当たり前のサービスほど、職員の役割は大きく、奥深い。

（『風』No.198 2017.10.5）

【注】

（1）『市民の図書館』日本図書館協会　1970　より

書店と図書館の棚づくりの違い

一〇月の全国図書館大会で、文藝春秋社長の松井清人氏が、図書館では文庫本の貸出をしないでほしいと訴えたことが話題になっている。

図書館を批判するという趣旨ではなさそうだし、文庫本が売れなくなっていることと図書館の貸出との因果関係は、松井氏自身も確信はないようだ。文芸本の売上げ減少と図書館の貸出の関係について、今まで私は何度も発言してきたが、今回は反論といった趣旨ではなくて、別の観点で気づいたことを書く。

先日、図書館へ本を借りにいったあと、丸善に立ち寄った。そのとき文芸書単行本の棚に、一か月ほど前に読んだ高橋順子著『夫・車谷長吉』（文藝春秋　2017.5）があるのに気づいた。となりには車谷の小説が三冊並んでいる。そのときふと松井社長の発言を思い出し、文庫本の棚へ回ってみた。

丸善は岡山市では最大規模の書店である。文庫本だけで何列も高書架があり、図書館とは比較にならない量の文庫本が並んでいる。そのうち、文春文庫は、新潮文庫や講談社文庫などとともにに、もっとも数が多いのだが、文春文庫の棚で車谷長吉の作品を探してみると、たった二冊しかなかった。新潮文庫の棚には一冊も見当たらない。他のすべての文庫棚を調べたわけではないが、いま車谷長吉の作品は、亡くなってまだ二年半で、大型書店においてさえ、わずかな数しか手に取ることができない。

車谷長吉の作品は、単行本も文庫本もまだ刊行はされている。高橋順子著『夫・車谷長吉』は評判が高くて、岡山市立図書館ではまだ予約が継続している。こんなときであれば、書店は車谷の作品もこの機会に、読者がもう一度関心を寄せて買ってくれるのを期待して棚に並べるはずだが、それでも書店の棚の状況はこの程度なのである。大型書店でさえこうだから、中小規模の書店では推して知るべしで、軒並みゼロであろう。

作品がまだ刊行されているからといって、そのすべてが書店に並ぶわけではない。話題を呼んでいた本も、しばらく経つといつのまにか書店の棚から消えて、新たに刊行された本に取って代わる。文庫本の棚の動きはもっと激しい。定番ともいえる作家の作品はいつも並んでいるように見えるが、少し地味な作家や作品になると、限られたスペースの棚では常に新刊書に入れ替わっていく。そして程なく品切れになり絶版になって、買うこともできなくなる。

私の地元岡山市の図書館には、車谷長吉の単著書は約四〇タイトルある。図書館数は一〇館なので、各タイトルには複本もあるが、地区図書館では利用が少なくなり、文芸書の開架冊数に限度があるために、単行本はすでに中央図書館の書庫へ移管しているものが多い。私が日常的に利用している幸町図書館では、主として文庫本が開架書架で利用されている。文庫本は全館で一二タイトル、ほとんどは開架中で、文春文庫がもっとも多い。

丸善には、車谷長吉著の文庫本はすでにほとんどないが、図書館で私はつい最近も、特に意識しないで車谷の作品を手に取り、借りたりしていた。中央図書館では単行本、幸町図書館では文庫本が主だが、まだ相当数のタイトルの車谷の著書が開架され、利用されている。

丸善と図書館の開架棚では、文庫本の数は比較にならないほど書店の方が多い。地区図書館ではまして、文庫本の数はしれている。それなのに、図書館の棚には大型書店にもない文庫本が数多くあって、利用されている。図書館の棚の文庫本の相当の割合は、書店の棚にはない文庫本で占められていて、すでに品切れや絶版で買うことができない本も多いのである。

松井氏は、「図書館で貸し出している文庫本が、販売されている文庫本の売上げを妨げている」と懸念しているが、その懸念の対象は図書館の文庫本の一定部分であり、図書館は書店では得られない資料を提供しているのである。

それに、岡山の丸善よりも多くの文庫本がある書店は、全国でも大都会など地域が限られる。全国の自治体の圧倒的多数では、書店そのものが存在しないか、あるいは小規模で文庫本もわずかしか置いていない。このような地域では、図書館が書店の文庫本販売をさまたげることなどあり得ない。

ただ、図書館がどの文庫本を購入し、どのように魅力ある文庫本の棚づくりをしているかは、図書館に問われる問題である。文庫オリジナルや単行本ではすでに手に入らない作品に加えて、書店ではすでに見ることができなくなった後も、着実に利用され、利用したくなる作品に数多く出会える、そんな図書館を私は望む。それこそが図書館の役割だと思っているが、図書館によって違いがあるのは事実である。

ところで、ネットの一〇月二七日付け「ダ・ヴィンチニュース」と「弁護士ドットコム」に文藝春秋の松井社長への文庫本問題についてのインタビュー記事がある。このなかで松井氏は、愛知県安城市の図書館が、「地元出身の作家沖田円氏の単行本と文庫本のすべてに禁帯出のラベルを貼って陳列している。利用者から「これは借りられないんですか」と聞かれると、「本屋さんで買ってあげてください」と図書館員が答えている。それこそが図書館の理想の姿だ」と語って、図書館の対応を称賛している。

安城市には最近、安城市図書情報館という大規模な図書館が建設されて評判になっている。ほかに公民館図書室などが一〇館あって、図書館の本が貸し出されている。私は沖田円という作家は知らなかったが、ケータイ小説が文庫本化されて、若い人に人気があるらしい。HPで検索してみると、安城市の図書館には沖田円の著作が五点ある。すべて文庫本で、うち四点はそれぞれ複本一〇〜一三冊、残りの一点は複本三冊があり、五点のうち三点は一冊が郷土資料として禁帯出になっていて、あとはすべて貸出ができる。松井氏の話とはまるで違う。郷土の作家とはいえ、文庫本でこんなにもたくさん複本を入れて貸し出している図書館は、むしろあまり例がない。

松井氏はいったい誰から、こんな誤った情報を聞いたのだろうか。パソコンで簡単に確かめることもできるのに、だれかの変な情報を鵜呑みにして、大出版社の社長が社会的に大きな影響のある発言をする。マスコミもそのまま報道し、話題にする。ほんとうに驚くほかない。なお、「弁護士ドットコム」の記事には、（編集部注：一部貸出あり）という注があるが、これも誤りで、五〇冊のうち四七冊が貸出可であり、「大部分貸出できる」のである。

社長であれ他の出版関係者であれ、いきなりマスコミ向けに発言するのでなくて、なぜふだんから図書館の現場を見たり、図書館関係の人たちともっと気楽に話を交わしたりしないのか、私はふしぎに思う。出版界と図書館界の人たちが、気軽に喫茶店などで話し合ったりするだけで、誤解が解けたり、知らなかった事実をお互い理解し合うこともできる。東京には図書館員も図書館研究者もおおぜいいるのだから、その気になれば機会はいつでもつくれるのに。

松井氏は文庫本は消費するものであり、図書館の「資料」として保存するには向いていないと発言している。出版社の社長が、自社が刊行する図書を「消費するもの」と言うとは、悲しい。図書館では文庫本は立派な「資料」であり、唯一文庫本でしか読むことのできないものも非常に多く、保存もしなければならない。私が勤めていた図書館では書庫のスペースが乏しいなかで、一冊は必ず保存するようにしてきた。

東京の図書館が日本の図書館のモデルではないし、特定の事例を見て、すべての図書館を判断したりしないよう切にお願いしたい。

（『風』No.199 2017.11.5）

カウンター業務と職員の専門性

ある県立図書館で、利用者が雑誌の少し前の号を見たいと思ってカウンターの職員に尋ねた。自治体経営などをテーマとした少し専門的な内容の雑誌である。

職員は調べてくれて、先に予約をしている人が一人いる。棚に確保しているところなので、借りに来られるまでとそのあと二週間の貸出期間のあと、借りることができますと予約を勧めてくれた。尋ねた人は、特集記事のコピーをすればすむことだったので、いま予約棚にあるのなら、コピーさせていただけませんか、もしその間に予約した人が借りに来られたらすぐにコピーをやめてお返ししますから、と頼んだ。職員の答は、「それはできません」だった。

その県立図書館はそれほど利用の多い図書館ではない。イレギュラーな一事例のためにカウンターの応対が混乱するほどとも思えなかったので、もう一度同じお願いをくり返したところ、カウンターの職員は管理職を呼び、管理職は、ていねいな言葉だったが、やはりそういうことは認めていない、予約本が棚に確保された時点で、その人が借りているのと同じ扱いをしている、という返答で、その日にコピーすることはあきらめるほかなかった。（A）

次も県立図書館の例。

この図書館では、雑誌は最新刊以外はほとんどのタイトルについて貸出をしているが、『世界』や『中央公論』など、いくつかの限られた雑誌については、バックナンバーも貸出禁止とし、館内閲覧に限っている。

ある利用者が『世界』のバックナンバーを貸してほしいと申し出たところ、カウンターの職員は、これは貸し出しできない資料ですと答えた。それでお終いになり、利用者もそれ以上は求めなかったらしい。なぜ『世界』は貸出できないのか理由を尋ねても、おそらく、以前からそのように決めているという以上に、納得のいく明快な説明は得られなかっただろう。（B）

ある市立図書館で、上下二巻の本を予約したいと思った人が、一枚の予約カードにまとめて書いて職員に渡した。職員はそのまま受け取ったが、次に図書館へ行ったとき、職員から前回の予約カードを返され、こう告げられた。

「予約カードは一枚に一冊書いていただくことになっています。上下巻をそれぞれ一枚ずつに書き直してください」

「すみません。これからはそうするように気をつけますが、前回の予約カードはそちらでちょっと手を加えて受け取ってもらうことはできなかったのですか」

「規則ですから、受け取ることはできません」（C）

いずれも多少脚色している。些細でわざわざ取りあげるほどのことではないと思えるかもしれないが、それだけありふれていて、現実にこれと同じような事例を、各地の図書館でよく耳にする。そのつど思う。同じような例が一日に一件あったとして、利用者にとって望ましい対応をした場合、それが一年間積み重なったとき、市民の図書館に対する信頼や親しみ、その結果としての利用の数値などには、どれほど大きな違いが生じていることだろうか。

職員にも言い分があるかもしれない。「例外的な取り扱いをそのときの状況で認めてしまったら、他の利用者から、もっと無理なことを強いられたとき断りにくい。どこかではっきりと線を引いて規則にしなければ、利用者によってサービスの不公平を招く」など。

しかし、AやCは「規則」と言うほどのことではない。多少融通をきかせて、その時に限った対応をしたとして、その後不都合が生じる可能性は限りなく少ないし、Aでは、先に予約した人には不利にも迷惑にもならない。その場でコピーできることを二週間以上先まで伸ばしたり、Cで予約受付を先送りしたからといって、他の市民はだれもそんな対応を「公平」だと喜んだりしない。その一方、職員のわずかな気遣いによって、利用者は確実に喜んでくれる。

Bの場合、『世界』はなぜ貸出できないのだろうか。県立図書館所在地の市立図書館では『世界』を貸し出しているから、せめてその案内くらいはしてほしかった。しかし、県内には『世界』を所蔵していない図書館もある。その自治体の利用者が、地元の図書館から県立図書館の『世界』を借りたいと申し出ても、貸出を断っているのだろうか。県立図書館の役割が問われるのではないか。

『世界』は一定規模の市立図書館にも大学図書館にも所蔵されていて、県立図書館が貸出禁止までして保存するほど希少な雑誌ではない。もし何かの理由で欠号が生じても、容易に他の図書館で入手できるし、市立図書館の中には何年か保存して廃棄する図書館もあるはずなので、廃棄時に欠号を補うこともできる。貸出を求められたとき、「貸し出しできない資料です」と答えるだけで済まさず、なんのため、だれのための禁帯出なのか、職員間で議論してほしいものである。

図書館にはさまざまな市民がさまざまな資料・情報を求めて来館する。一見、自分で本を選び、貸出の手続きをして帰るだけのように見える。しかし、求めている資料・情報がほんとうに得られたか、良い時間を図書館で過ごすことができたか、図書館へやってくることが生活の楽しみになっているか、サービスの内容と結果はそれぞれ違っている。このような一人一人の市民の個別の、特定の事例に向きあい、的確に応えるために、カウンターの司書には専門性が求められる。

半世紀前からの図書館の発展の歴史において、理屈ではなくて実際のサービス現場で、各地のすぐれた司書はそれを実現しようと努めてきた。利用を妨げていた規則や慣例を一つ一つ見直し、市民にとって何が大切か、何が不都合か、サービス現場の実感をもとに、サービスのあり方を提案し、実現させていった。その過程で重要だったのは、現場の司書が自分で判断し、一定の裁量を持ち、自分たちの手でサービスの幅を広げながら図書館を変えていったことであり、それが図書館の仕事への意欲と意識を高めていった。

しかし今、時代は変わり、なによりもカウンターの職員体制が変わった。いま多くの図書館で、カウンター業務は司書の専門的な仕事になっていない。資格があっても、それだけでは本来の意味の司書の役割ははたせない。非正規化、委託化、指定管理化が進行し、多くの図書館で、カウンターの職員はさまざまな市民の個別の要求に対して、自らの判断と裁量により、その時々に応じた的確な対応をすることはできていないし、認められてもいない。そのために、「規則」ばかりが妙に細かくなり、カウンター職員は決まり通りの対応をするようになった。

Cの事例で予約カードを出した人は、実は何年か前までその図書館で館長を務めていた人だった。自分が館長の頃は、そういう対応はしなかったのだが……と思った。その前館長時代に年々増加し続けていた年間貸出点数は、館長交代後は毎年減り続けている。予約カードの件は、同様の多くの例の一つに過ぎないのだろう。

新設の大規模図書館などを訪ねると、利用も多くて、表面的にはずいぶんはなやかになり、明るくなった。しかし、カウンターの職員が自分の言葉で、専門職としての意識で、生き生きと市民に対応している光景はほとんど見ることができない。そして多くの図書館は、開館して何年も経たないうちに、利用が下がっていく。本質的な部分で、時代は逆戻りし、サービスは劣化しているように思える。

（『風』No.200 2017.12.5）

岡山市立図書館とエスペラント関連資料

岡山は、エスペラント運動では歴史的に先進地で、旧制第六高等学校の英語・ラテン語の教師だったエドワード・ガントレットが岡山で普及させたのが始まりとされている。岡山のエスペラント運動の歴史は、岡一太著『岡山のエスペラント』（岡山文庫　日本文教出版社　1983）に詳しい。

岡山県出身のエスペランチストで全国的に特に著名だったのが伊東三郎である。農民運動家・プロレタリア運動家であり、エスペラント詩人・エスペランチストでもあった。伊東三郎はペンネームで、本名は磯崎巌（婚姻により宮崎巌）、花筵の考案で戦前の国定教科書にも載った実業家磯崎眠亀の孫である。死後、埴谷雄高ら三人を編者として『高く　たかく　遠くの方へ　遺稿と追想』（土筆社　1974）が刊行された。書名は伊東のエスペラント詩から採られた。

伊東の著作は岡山市立図書館では基本的には郷土資料だが、内容としてローカルな本ではないので、まずは一般書として多くの人に貸し出され読まれてきた。一九五〇年に岩波新書で刊行された『エスペラントの父　ザメンホフ』はいま三冊の所蔵本すべてが郷土分類だが、ある時期まで少なくとも一冊は一般資料扱いだったのではないか。福音館書店の絵本『くろうまブランキー』（伊東三郎再話、堀内誠一画）はいかにも伊東三郎らしい作品、こどものとも傑作集など全館で一〇冊以上が通常の絵本として利用されている。おそらく今後、書庫入りとともに郷土資料への変更が少しずつ増えていくだろう。

一九三二年刊行のエスペラント詩集『緑葉集』は貴重な書だが一般書として書庫の分類８９９のエスペラントの棚にある。データに著者名はなくて、「伊東三郎」で検索してもヒットしない。なぜ書誌データに著者名が入っていないのか。この本には寄贈印があり、一九五二年に県内のエスペランチスト（『岡山のエスペラント』にも名前が出てくる人）から寄贈されたことがわかるが、奥付以外の書誌情報はすべてエスペラントで、奥付には著者名が記載されていない。表紙や表題紙には「I.U.」という著者名が出ているのだが、おそらく寄贈当時、目録カードを書いた職員には著者名だとわからなかったのであろう。ｉｕはエスペラントで「ある人」の意味、「I.U.」は伊東三郎のもう一つのペンネームで、漢字では「伊井迂」と書く。

実は私も現役の時、この本の所在に気がつかなかった。背文字もない本で、書庫の棚でも見過ごしていた。今回、伊東三郎のことを少し調べてみて初めてわかったのだが、何かのきっかけがないとなかなか気づかないものだと、今になってつくづく反省している。

書庫のエスペラント分類の棚は、私が図書館職員になった頃の印象では、他の棚と少し違っていた。資料の量は少ないのだが、ほかの分類には見かけないような薄い冊子やテキストのような古い資料が並んでいて、そんなマイナーな資料が、暗黙のうちに「廃棄してはいけない資料」という感じで保存されていた。『緑葉集』もそうだが、購入資料ではなくて、エスペラント活動をしていた人の寄贈のように当時も思えた。エスペラント資料そのものが少ないだけに、勉強会のテキストであっても、地域のエスペラント活動の一端を示す資料と考えることができる。つい最近も、寄贈されたエスペラント関係資料が箱詰めのまま書庫に保存されていたのがわかり、その中には戦前の岡山のエスペラント活動を語る資料も含まれていたようで、エスペラントに係わっている人にとっては大事な資料であろう。

私が図書館に勤めていたころ、エスペラント関連資料の中でも伊東三郎の名が特に身近に感じられたのは、岡山市立図書館の職員だった磯崎高三郎さんが伊東三郎の実弟だったからである。事情は知らないが磯崎さんの職名は「用務員」で、資料整理や閲覧に係わることはなくて、担当は「家庭配本」だった。戦後の早い時期、図書館に車がなかった頃、本箱を積んだリヤカーを自転車で引っ張って岡山市内を走り（その姿を背後から撮した貴重な写真が残っている）、リヤカーがライトバンに代わったのちには、一九七一年に全国に先駆けて開始された身障者家庭配本を担当したのも磯崎さんだった。

岡山のエスペラント活動は、少なくとも一九七〇年代まではまだ活気があった。岡山大学のエスペラント・サークルが岡山市立図書館で閉館後の夜間、市民向けの学習講座を開いたりしていた。当時は職員が宿直をしていたので、そんなこともできたのである。その後、私は西大寺分館に異動になったが、分館の同じ建物の公民館では、こちらでもエスペラントの自主講座が開かれていて、継続的に市民が参加していた。最近はかなり活動が停滞しているようだが、全国的にも同じ傾向らしい。余談だが、私が図書館退職後に勤めた広島女学院大学にも、少なくとも一九七〇年代まではエスペラントのサークルがあって、岡山大学ともときどき交流をしていた。広島女学院大学の図書館にもその名残のような蔵書が少しだけ残っている。

エスペラントはマイナーな分野だが、それだけに活動をしている人たちにとっては、単行本に限らず、すべての資料がそれなりの意義を持つこととなり、地域の図書館にその収集や保存を求める声も実際にある。しかし、その目的を考えると、もともと一般的な資料として活用したり学んだりするためのものが多く、そのうちの特に地域に関連したり、あるいは歴史的な意義を帯びるようになった資料が、ある時期から地域・郷土資料として意識的に保存されるようになっていく。図書館の長い継続の中でその切り替えが必要になるのだが、その判断ができないまま、一般資料の中に郷土資料が埋もれて、最悪の場合、廃棄されることも起こりうる。

最初から「貴重資料」とわかる資料はだれでもそれなりの扱いをする。しかし、「貴重な資料」と一般的で一見平凡な資料の境界域には、どこにでもありそうな、あるいは古くさい役に立たない資料に見えて、実はそれぞれの地域にとって特別な意義を持つ大事な資料も存在する。図書館員がそのような資料を評価できる知識を継続的に持ち続けるには、長年の経験を持つ職員が次の世代の職員へ、何年も仕事を共にしながら、図書館の運営を引き継いでいく職員体制が必要条件となる。岡山市立図書館で、長年にわたって司書職員の体制が継続されてきたのは、資料の収集・保存と提供の面で考えても財産なのである。

しかし今、全国各地の図書館で、指定管理者制度が危機的なまでに拡大している。大規模な図書館までが驚くほど簡単に指定管理とされ、職員体制の継続が断ち切られ、経験の乏しい職員の手に、長年にわたって収集されてきた大量の資料の管理が委ねられている。

私自身は図書館に三〇年勤めたが、もともと岡山の者ではなかったため、地域・郷土資料については最後まで自信が持てなかった。先輩や同世代に頼れる司書がいたために、何とか切り抜けながら、長い年月を視野に入れて資料を生かし、資料を保存する姿勢だけは、何とか身につけてきた。

その経験のなかで図書館の指定管理の実態を見ると、あまりに安易で軽く、あまりに愚かしい。自治体は責任を放棄し、指定管理者は自信過剰、怖いもの知らずである。何年、何十年経ったとき、目立たないが貴重な資料がいつのまにか廃棄されたり、提供できたはずの資料が見当たらなかったりとなっても、気がつくこともないかもしれない。それ以上に、資料の収集・保存・提供機関としての図書館の本質的な役割そのものが変質しているかもしれない。すでに今、各地でにぎやかな話題を呼んでいる図書館に、その兆しが見えているように思える。

（『風』No.201 2018.1.10）

デパ地下試食販売員のプロ意識—図書館では……

夕食後だったか、お茶を飲みながら妻とテレビを見ていたら、デパ地下の販売員二人がどうやって試食品をお客に食べてもらい、買ってもらうか、その様子をルポしていた。一人はまだ経験が浅い若い販売員、もう一人はベテランの販売員である。少し離れた場所で同じ新商品のソーセージかなにかをその場で炒めて試食してもらい、気に入った人は買ってゆく。若い販売員の方も感じのよい明るい応対をしているのだが、時間が進むにつれて、ベテラン販売員の方の売上げがみるみる増えてゆく。演出がいくらか入っているのかもしれないが、あとでベテラン販売員が語る試食をすすめて販売する方法がなかなかおもしろかった。

食品売り場の通路には多くのお客が歩いている。試食をしてもらうためには、むやみと多くの人に声をかけても、かえってお客は避けて通るだけだ。さりげなく近づいて、自然に試食してもらえるような接し方をする。皿を手に通路へ出て試食をすすめるのだが、最初からまったく買ってくれそうにない人と当てにできそうな人を見分けて、これと思う人に近づき、無駄な空振りを少なくする。速歩や普通の足並みの人には声をかけず、ゆっくりあちこちの棚を見ながら歩いている人に的を絞る。試食品の内容に合わせて、たとえば新しい品を好む人か、健康志向の人かなどを、服装や靴によって見分ける。狙いを定めた人に近づくときは、正面から目を合わせると警戒して避けようとされるので、歩いてくる客に対して背を向けて通路に出てさりげなく近づき、絶妙のタイミングで「○○ですが、いかがですか」と試食をすすめ、つい手を出すように仕向ける。若い販売員もそれなりに愛想がよいのだが、客に逃げられてしまうのは、客の見分けができず、まともに呼びかけて、逃げられてしまうのである。

そこでつい、「さて、図書館では」と続けたくなる。販売員も図書館員も、プロ意識にはそれに相応しい成果が伴うから評価されるのだが、それとともに、働く人のプロ意識そのものが魅力的なのである。図書館もこうありたいものだ。

図書館に毎日多くの市民が資料・情報を求めてやってくる。ある本を探したり、あるテーマで資料を求めたりしているのに、的確な資料・情報を見つけることができない人は、私の現場のときの経験ではずいぶん多い。しかし、その人たちのうちで、職員に訊いてみようと意識的に思う人の割合は少ないのである。当初からはっきりとした目的意識や必要性を持つ人は、職員を見かけたらどこであれ声をかけるし、手間のかかりそうな内容ならレファレンスカウンターで尋ねようとする。しかしそんな能動的な利用者は、決して多くはない。

その一方で、「訊いてみようかな」と迷いながら、結局訊かずに終わる潜在的な質問は、表面化する質問よりもはるかに、おそらく何倍も多いと私は思っている。そのような質問をさりげなく聞き出して、資料の案内・提供に至る応対をしているかどうか、図書館と図書館員により、大変な違いがある。結果として、ある人はあきらめ、ある人は求める資料を得ることができる。それが日々何年にもわたって積み重なって大きな差が生じる。徹底した資料提供は図書館独自の基本的な役割だが、その資料提供を量的にも質的にも充実させる前提として、資料を求める人がなんでも気軽に職員に尋ねることのできる場と雰囲気が、そして司書による「資料案内」というサービスが不可欠となる。

私が職員だったころの岡山市立図書館では、長年にわたって毎年、「資料案内（読書案内）」をサービスの最重点目標にかかげていた。資料案内とは、利用者からの積極的な質問に応えることだけを意味するのではない。訊くのをためらったり迷ったりしている人に、カウンターやフロアでさりげない対応を通して、なんでも訊いてもらい、最終的に資料提供に導くのが資料案内である。そのために、職員と利用者の接点を大切にして、自然に言葉を交わすきっかけをつくるよう努めるのである。

利用者と職員がもっとも多く出会う場は貸出カウンターである。別に設けたレファレンスカウンターで尋ねにくいときも、日常的に利用する貸出カウンターで、顔見知りの図書館員に、貸出などの手続きをしながら、「訊いてみようか」という気持ちに誘われる、そんな職員体制を目指してきた。またフロアには、本を探している人、求める資料が得られない人、できれば手助けしてほしいと思いながら迷っている人がいる。配架しているときでも、予約資料を探しているときでも、司書の目で見ていればわかるもので、そんなとき、自然に尋ねてもらえるような接し方ができるかどうかに、プロとしての司書の力量が問われるものだ。

隣の兵庫県にも、同じような考え方で資料提供に取り組み、めざましい実績をあげている図書館があった。滝野町図書館である。当時の館長直井勝氏の「カウンターは図書館員のひのき舞台」という言葉は、岡山市で目指していた図書館サービスのあり方そのものであり、深く共感した。資料提供の意義を矮小化する言論が強まるなかで、心強い仲間を得た思いだった。

デパ地下のベテラン販売員は、試食品の売上げ増のために、常にお客の様子と心理を観察・把握しながら応対のきっかけをつくることにプロ意識を集中させている。図書館員もまた、カウンターやフロアで一人一人の利用者が何を求めているか常に気を配りながら対応を考えるという点で、販売員と同じあるいはそれ以上のプロ意識を持たなければならない。もちろん、目的は違うし専門性の内容も異なる。司書は何よりもまず、資料・情報についての専門職であり、利用者が求める資料・情報の範囲は限りなく広く、何を求められるかもわからない。資料・情報について知識を持たなければ、資料案内やレファレンスサービスに自信を持つことはできない。明るくて愛想がよいだけでは務まらない。

最近くり返し同じことを言っているのだが、各地の図書館を見学すると、今や資料案内についての意識はおどろくほど希薄になっている。貸出カウンターはただの単純作業の場となり、自動化が進んだ図書館では、すべて機械任せで貸出・返却カウンターすらなくなっている。一方、レファレンスカウンターの状況はこれまでとほとんど変わらない。利用者と職員の接点がなくなり、資料案内のきっかけが失われ、つつましい遠慮がちな人たちが言い出しにくい質問を引き出して応える場がなくなっている。

特にいま、巨額の経費を費やして建設されている話題の大規模な図書館では、デザインが華やかで広く、蔵書も多いために、多くの入館者で賑わっているが、利用者が資料について気軽に職員に尋ねたり、職員が利用者を書架へ案内していっしょに本を探したりする光景はほんとうに少ないし、きっかけそのものもない。明らかに何か本を探している人がフロアを行き来していても、職員は気を配っていない。

図書館の規模が大きくなればそれだけ、利用者が自分で大量の資料を探すのは難しくなり、資料について広く深い知識を持つ経験豊かな職員が必要とされる。しかし、特に指定管理を導入した図書館では、見るからに経験の浅い職員ばかりが目立つ。図書館員は資料・情報の専門職員として市民に信頼され、頼られる仕事をしなければならないが、いま図書館の根幹の機能が空洞化しかけているのである。イベントの企画や図書館資料に係わらない面でのにぎわいづくりは、司書でなくてもできる。司書が専門職として市民に認められる所以はどこにあるのか、肝心な役割を見失ってはいけない。

（『風』No.202 2018.2.5）

一年が過ぎた高梁市図書館

「ツタヤ図書館」四例目の高梁市図書館が二〇一七年二月四日に開館して一年が過ぎた。山陽新聞など岡山の新聞や高梁市の「広報たかはし」に一年間の状況が報道されている。一年間の入館者は約六六万人、貸出点数は約二〇万点で、それ以外の実績数値は明らかではない。目標とした入館者数は二〇万人だったので三倍以上になったが、一方で目標貸出点数は三二万点だったので、予想をはるかに下回っている。その点ではずいぶんちぐはぐである。

入館者数は、他の「ツタヤ図書館」と同様、図書館の入館者だけではない。高梁駅舎に直結した二階フロアは大部分が蔦屋書店、スターバックス、観光案内所で占められていて、小さな一部屋だけが「図書館」なのだが、例によって施設全体の入館者が図書館入館者として公表されている。貸出点数二〇万点で一人平均三点借りていると推測すると貸出人数は約六・七万人なので、入館者数の約九〇%は資料を何も借りない人なのである。この割合は武雄市図書館では約八〇%、多賀城市立図書館では約八五%、海老名市では七〇%以下である。どのツタヤ図書館も「入館しても本を借りない利用者」の割合が大きい点で共通しているが、そのなかでも特に高梁市図書館はこの数値が大きい。

上記報道の後のある土曜日、私は高梁市図書館へ行ってみた。開館して一か月半くらいの時期の祝日にも見学したが、その時と比べると利用者の数は明らかに少ない。スターバックスは前回ほどのにぎわいではないが、それでもお昼頃になると、人が途切れない時間帯もある。蔦屋書店の雑誌や本を見ている人も、観光案内所に立ち寄る人もいる。館内の利用者の少なくとも半分は高校生である（中学生・大学生も含まれているかもしれない）。三階の学習室とその前のスペースはほとんどすべて持ち込み勉強の高校生だった。四階のテラスでは、何人かの高校生がおしゃべりしながらカップラーメンを食べていた。高校生はほとんどが図書館資料の利用者ではない。二階の窓際の席には、高校生以外にも「閲覧」をしている人たちがいたが、蔦屋書店の販売用の雑誌や新刊書を見ている人が大多数のようで、これも図書館資料の利用者ではない。四階の多目的室では二〇人くらいの女性たちがヨガかなにかをやっていたが、これも図書館資料とはかかわりのない公民館のような催しである。このような「図書館資料を利用しない人たち」が入館者の九〇％なのである。

一定のにぎわいは確かに生じている。しかしこれは図書館としてのにぎわいなのだろうか。施設は見た目にもはなやかで立派なのだが、図書館の本は利用されていない。棚に向かって本を探している人は少ないし、カウンターに人が並ぶこともない。

三階に新聞・雑誌のコーナーがある。どの図書館でも利用が目立つ一角だが、新聞を読んでいる人はいても、雑誌は、女性雑誌や暮らしの雑誌などもほとんどが棚に残っている。新刊雑誌なら二階の蔦屋書店の雑誌を席で読むことができるので、こちらの方がはるかに魅力的なのだ。これなら図書館資料としての雑誌はバックナンバーに限らず、最新刊もすぐに貸出して利用した方がよいのではないか。「家でゆっくり読める」という図書館資料の意義が実感できるし、雑誌の予約が活発化すれば、バックナンバーや書籍の予約や貸出も活性化するだろう。

それにしても、土曜日の午後がこの状態では、平日や夜間は寂しいくらいの雰囲気になるかもしれない。それでも、高梁市民にとっては、この「図書館」ほどにぎわいがある施設はほかにない。特に高校生には居心地のよい勉強部屋として、あるいは友達に出会っておしゃべりができる場として、歓迎されているようだ。ただし、高梁市の人口のうち、一五〜一九歳の割合は五％である。この層の人たちが図書館利用者として、それも資料を利用しないのに、大きな割合を占めているのである。

四階の子どものフロアは土曜日なので親子連れでにぎわっている。ただ、小学生が一人で、あるいは友達といっしょに利用している様子は、私が見学したときには少なかった。たまたまかもしれない。しかし、あとで高梁の街なかを歩いて気がついたのだが、休みの日なのに子どもたちにほとんど出会わない。子どもを見かけない街はさみしい。それでいて、高梁市図書館は四階の子どものフロアも夜九時まで開館している。だれがやってくるのだろうか。

「図書館」のなかの観光案内所でもらった地図を見ていると、ふしぎに思えることがある。観光で歩く範囲の中心市街地には、幼稚園や保育園はあるが小学校がない。高梁小学校と高梁中学校は高梁川の向こう側にあって、実際の距離以上に遠く感じる。ところが高校はこの中心市街地に夜間校を含めて四校あり、駅のすぐ近くにもある。吉備国際大学も看護福祉専門学校もある。このような街の特徴が、街づくりや図書館のあり方とどう関連しているのだろうか。

「ツタヤ図書館」としての高梁市図書館には、蔦屋書店やスターバックスのほか、二階から四階までを通した吹き抜け、手の届かない高書架と大量のダミー本、独特の分類など、ほかの「ツタヤ図書館」と共通した特徴がそろっているが、字数が限られているので本稿ではこれには素通りし、最後に経費の問題にふれておきたい。

施設の建設には概数で（以下同じ）二〇億円がかけられた。二〇一七年度の予算書の図書館費は一億八千万円、うちCCCへの指定管理料が一億六千万円である。旧高梁市立図書館の経常経費は四二〇〇万円だったので、四・五倍になっている。人口三万二千人の市でこの額は大きい。分館やBMの利用はわずかで、中央図書館の数値が主なのだが、年間二〇万点程度の貸出で図書館費一億八千万円は驚くほどの額である。指定管理料の詳しい内訳はつかめず、つまりは税金の使い方が市民にはわからない。議会もマスコミも取りあげない。マスコミは施設が入館者でにぎわう状況ばかりを報道し、特にテレビの特集番組では、私が見た二つではどちらも礼讃一色、民営化大成功だと報道していた。

高梁市の人口は一九八〇年四万七千人、二〇〇〇年四万一千人、二〇一五年三万二千人と減り続けている。推定では二〇二〇年には三万人を切り、二〇四〇年には二万人になるとされている。「ツタヤ図書館」にはこの衰退を押し止める意図があるのかもしれないが、このまま人口減少が続けば毎年の財政負担は一層厳しくなる。大規模施設を建設し、指定管理で当初の経費を定めてしまうと、削減ができない。直営よりもむしろ融通がきかない。当初、ものめずらしくて押しかけてきた利用者はほどなく去っていき、利用はまちがいなく落ちていく。しかし、一度合意した契約は容易には変更できず、行政も失敗は認めたくないので、そのまま次期も同じ経費でずるずる更新を続ける例が多い。

図書館を見学したあと、高梁の街を歩いた。駅の近くの商店街はさびれて、ほとんど客が歩いていない。ツタヤ図書館へ来た人が商店街に流れることなどあり得ない。旧街道沿いの古い街並みはさらに寂しい。紺屋川沿いの道は観光の中心地の一つだが、ゆべしで有名だった老舗の和菓子屋「遠州堂」には、「閉店のお知らせ」の掲示が出ていた。「老齢には勝てず……」云々とある。帰りは山沿いにいくつものお寺を巡りながら、駅まで歩いた。ツタヤ図書館のにぎわいはまさに駅一点だけ、高梁の街の、寂れてはいても落ちついた雰囲気と、ここだけはかけ離れている。高梁の街と財政に調和した別の図書館づくりはできかったのか、どうしても疑問が残る。

（『風』No.203 2018.3.5）

高校生の自習勉強と「資料提供」の空洞化

昨年（二〇一七年）一〇月末、武雄市図書館を訪ねた。「ツタヤ図書館」になって三度目、旧図書館時代も含めると四度目の見学である。今回は二〇一三年の新図書館開館に向けてCCCが選択し購入した約一万冊の古書について、住民訴訟に関連した調査をするのが目的だったが、本稿では調査内容とは別の、気づいた問題について感想を記したい。

二〇一七年一〇月一日に武雄市図書館の隣に新たに武雄市こども図書館が開館した。これに伴っていままでの武雄市図書館の児童書スペースはこども図書館へ移されて、その跡は閲覧席のスペースになっている。同時に一〇月一日から、蔦屋書店のCD・DVDのレンタルスペースだった旧図書館時代の蘭学館の場が市へ返還されて、学習室のような閲覧席と、壁面はビジネスなどの本の棚に改修されている。この二個所の改修で、閲覧席は九四席増加されている。

今回の見学では午後武雄市に着いて、その日の午後は蔵書の調査に集中し、夕食後、夜間の図書館の様子を見に行った。それまで二回の見学でも、夜間は高校生が勉強している姿が目立っていたが、今回はそれがさらに極端なまでに進んでいた。以前は、スターバックスの席だけは、昼間も夜間も、さまざまな大人の客層が主だった。今回、夜間には、スターバックスの席でさえ、高校生の方が多かった。というよりも、一般客が少なくなって、高校生が目立つようになったのかもしれない。館内を見て回ると、改修によって新たに増えた座席はすべて高校生、従来からの二階の座席もやはり高校生ばかりである（中学生も含まれているのかもしれないが、いちいち断るのも面倒なので、本稿では以下「高校生」とする）。図書館の近くに県立武雄高校がある。武雄高校の生徒にとって、武雄市図書館は絶好の快適な勉強の場なのである。座席数は九四席増で三五七席になっているので、高校生がおおぜい来ているといっても、夜などは十分すぎるくらい空いていて、場所によってはガラガラである。もともと、開館当初のもっとも賑わっていたときも、当時の座席数で夜間は席が相当空いていた。

一泊して翌朝、開館前に武雄市図書館へ行った。この日は土曜日である。九時の開館時間前になると、入口前に並ぶ人の数がみるみるうちに増えていった。開館五分前に数えてみると列は約七〇人になっていたが、それがほとんどすべて高校生で、三人だけ高校生以外の大人の人が混じっていた。そして残りの五分間であっという間に人数は一〇〇人以上になっていた。ドアが開いてみんなが入っていく。

最後の人が入りかける頃、列から離れていた年輩の男性が入口に立っていたＣＣＣの男性職員に抗議をしはじめた。「なぜ学生ばかりなんだ」といった内容らしい。職員は迷惑そうな表情でなにか答えている。自分は並びもしないでなにを言ってるのか、という気持ちのようにも見える。「仕方ないことじゃないですか」「どうすればいいと言われるんですか」などといった言葉が聞こえてくる。興味津々だったが、いつまでもそばで面白そうに聞いていては変に思われるかもしれないので、私はともかくも図書館へ入り、館内を一巡りしてみた。

なにしろ座席数は三五七席なので、あれほど並んでいても十分すぎるくらい空いている。高校生にとってはそれぞれお気に入りの席があるらしく、よい席を確保するために並んでいたのである。さっき抗議していた人も、自分が座れないから抗議していたのではない。だからこそ職員も、何を抗議されているのか理解できなかったし、その年配の男性も何が問題なのか、明快には説明できなかったようだ。自分が座れないからではなくて、「こんなに学生ばかりが利用する図書館はおかしい」と言いたかったのだろうが、職員にはそれが通じずに、「それがなぜいけないのか」という気持ちになって表情に出ていたのであろう。

時間が経つにつれて、高校生以外の人たちも目に付くようになったが、主に新聞のあるところとスターバックス席、そして高校生が一番敬遠しているらしい一階奥の部屋の閲覧席に限られている。高校生が先に占領している場では、ところどころ席が空いていても一般の人たちは座りにくい様子である。その意味では、抗議していた人は、「よい席は高校生だらけだ」と言いたかったのかもしれない。いずれにせよ、一年目と二年目の武雄市図書館と比べると、五年目のリニューアル後の武雄市図書館は、一般市民の利用も観光や見学目的の人たちも明らかに減少している。四年目までの貸出の数値も大幅に減少し、今は「高校生が勉強するための図書館」としての役割ばかりが目立っている。二〇一七年度の武雄市図書館（こども図書館を含まない本館）の年間貸出数は旧武雄市図書館の頃の数値以下に落ち込むかもしれない。

隣に新築されて一〇月一日に開館したこども図書館へも、午後、夜間、午前の三回立ち寄ってみた。夜間の利用はもちろん少ない。独立したこども図書館をなぜ夜九時まで開館するのか。たとえ夜九時まで開館が「ツタヤ方式」だとしても、市の立場では、そのためのコストと成果についてどのような検証をしたのだろうか。建物の設計とデザインはツタヤ風だが、新館用に新たに児童書を購入・更新して資料の充実を図ったようには見えない。今までの武雄市図書館の資料を移しただけらしくて魅力に乏しいのである。二階は「九州パンケーキカフェ」で、ここが一番人気になっている。こちらの方が一階のこども図書館よりも賑わっているほどだが、こんな状況がいつまで続くのだろうか。こども図書館建設のための総事業費は四億八千万円、今年度半年間の運営委託料は三〇一七万円である。

「ツタヤ図書館」二例目の海老名市立中央図書館は三年前、開館半年経ったころに見学したことがある。土曜日だったが座席利用者の七～八割くらいが高校生という印象だった。別のある研究者は九割が高校生だったと語っていた。三例目の多賀城市立図書館も昨年二〇一七年二月に開館した四例目の高梁市図書館も、「学習室」があるうえに、開架フロアの座席でも自由に持ち込み勉強ができるので、休日はおそらく学生だらけであろう。

しかしこのような傾向は実は「ツタヤ図書館」だけではない。TRCが管理・運営をしている図書館でも、特に大規模ないわゆる「滞在型図書館」では、共通した特徴として、土曜日・日曜日にはおおぜいの高校生や中学生が、図書館資料の利用ではなくて、持ち込み勉強のために多くの座席を占領している。たとえば二〇一四年七月一日開館の愛知県大府市「アローブ」おおぶ文化交流の杜図書館と二〇一五年七月一日開館の千葉県八千代市立中央図書館について、私はすでに個人誌『風』No.183（2016.7.5）にこの二つの図書館の見学記を書いているので、この後半の個所を以下転載する。

大府市と八千代市を訪ねたのは、どちらも日曜日だったから、利用は多かった。しかし、何よりも目立ったのは持ち込み勉強をしている高校生・中学生である。

おおぶ文化交流の杜には、一階の図書館のフロアとは別に、二階に約六〇席の「学習室」が用意してあるが、日曜日には毎週これが満席になる。すると図書館の中にある複数の「グループ室」というガラス張りのかなりの席数の部屋が「臨時学習室」として生徒たちに開放される。私が来館した日、この臨時学習室も満席だった。そのうえ、広い施設内には各所に、「交流サロン」「談話スペース」という、テーブルと椅子が相当数備えられたオープンスペースが何か所もあって、これがほとんどすべて生徒たちの勉強の場となっていた。座席があればどこもここも生徒たちが占領している。

八千代市立中央図書館はもっとすさまじい。図書館内の座席数は約四〇〇席で、千葉県では二番目に席数が多い図書館と紹介されている。「学習室」が三室あるが、ほかにグループ室とかティーンズとかの名称の部屋があり、フロアの真ん中をつらぬくメインの広い通路にも、窓際にも、レファレンスや地域資料、雑誌、こどものフロアにも、それぞれの目的や特徴を表す名称の読書席・座席が数多く設けられている。それがほとんどすべて、高校生・中学生ばかりで占められていた。

中央の広い通路は図書館内でもっとも目立つ場所なのだが、ここに並ぶ五〇から六〇席近い座席も、ほぼすべて高校生・中学生ばかり。レファレンスの席も、こどものフロアのテーブルも、こどもを見守りながら親が子育ての本を読んだりするという名目の「ほっとコーナー」も中高生ばかり。さすがに雑誌コーナーは大人の方が主だが、その中に挟まれるようにして、参考書か何かを広げて勉強している高校生がいる。

さらに複合施設の図書館フロア以外のフリースペースにはたくさんのテーブルと約一〇〇席の

椅子があるが、これも含めて、施設全体の約五〇〇の座席の九〇%以上を、高校生・中学生が占領しているのである。何十年も前、日本の図書館は学生の勉強部屋だったとよく言われる。しかし私の記憶を辿っても、これほどまでに多くの高校生・中学生が図書館内のあらゆる座席を占めている光景を見るのは初めてだった。

レファレンスカウンターのTRC職員に、土日はいつもこうですかと訊いてみると、今日は試験中らしくて特別多いですという返事だった。持ち込み勉強についての注意書きもないし、口頭の指導もしていないようで、完全にほったらかしである。

最近、新しい図書館では、持ち込み勉強について、昔がえりと思えるほど寛大で、学習室なども積極的に設けている。直営の図書館もそうだが、指定管理の図書館では特に目立つ。図書館の基本的な役割が「資料提供」であるという意識が希薄になる一方で、「場としての図書館」「サードプレイス」「集い・交流」といった言葉が、図書館の新たな役割であるかのように持てはやされている。大規模な複合施設をつくり、おおぜいの人たちが集まって賑わいが創出されれば、それが持ち込み勉強であれ、おしゃべりであれ、カフェであれ、何でも良しなのである。

半世紀前、図書館は学生の勉強部屋だった。それを変革させたのは、「図書館の本質的な役割は資料提供である」という提起だった。いままた民営化が進むとともに、図書館の基本的な理念と専門性は問われなくなり、社会のうわ辺の要求に流されている。見た目の華やかさ、ハイテク化、賑わいが過剰に演出されている。無原則な、莫大な経費の支出を伴った、高校生・中学生ばかりの図書館を見ると、ため息が出る。

八千代市立中央図書館は図書館建築賞を受賞している。建築と運営内容は切り離すことができないはずである。中央図書館だけで管理運営経費は年間二億円を超えている。一方、二〇一六年度の年間貸出点数三七万九一七九点はあまりにもの足らない。高校生がおおぜい勉強にやってきて賑わいがつくられていることが、評価できるのだろうか。

一方、大府市立図書館は二〇一五年度の貸出点数が一三〇万点を超えていて、同人口規模の市のなかで第一位である。ただ、年報などによる運営の報告が何も公開されていなくて、『日本の図書館』の数値以上の詳しい利用状況はほとんどわからない。人口八万九千人の市で、一五年間のＰＦＩ事業の総事業費は一〇〇億円（建設費用四〇億円、運営費用六〇億円）ということで莫大な額だが、建物管理の経費が一体化しているため、たとえば図書館だけの年間の経常経費がいくらになるかもよくわからない。自動貸出、自動返却、セルフ予約受渡し機、自動化書庫など、自動化が徹底して進められて貸出・返却カウンターすらないが、このためにどれだけ経費がかかっているのか不明である。費用全体とサービス効果の検証などもいまの段階ではおそらくできないだろうし、わからないことだらけである。市民の立場でこのまま一五年先まで評価することが可能だろうか。

私が見学した日曜日は、勉強する高校生が大半の座席を占領している様子が目立っていたが、一方、複合施設内のイベント広場ではバザーのような販売の催しがあり、半端ではない大勢の人たちでごった返していた。たしかにいま施設は賑わっているようだが、図書館の棚の蔵書内容を見ると、この規模の中央図書館としては、なにか妙に軽くて奥行きがない。たとえば「認知症」のようないま求められているテーマでタイトル検索すると五一五件がヒットするが、一方、「エスペラント」のようなマイナーな分野の本では、開架と書庫に一冊ずつだけ。岩波新書の『エスペラント—異端の言語』などもない。なによりも、地域・郷土資料の棚を見ると、特に最近の行政資料がおどろくほど少ない。最近三か月間の新着資料をＨＰで見ることができるが、四八七三件のうち郷土行政資料はわずか三三件である。図書館の運営全体に何かバランスが欠けている。

同じ愛知県では、つい最近見学した安城市図書情報館も、私が訪ねたのは平日だったが、土曜・日曜日はやはり高校生や中学生で溢れかえっていると聞いた。図書情報館をふくむ公共施設の建物は床面積九一九〇㎡、一五年のＰＦＩ事業で総事業費は約六二億五千万円、図書情報館の運営は直営で、二〇一七年度の運営費は二億八六八〇万円という大型施設である。閲覧席は八七〇席というから、高校生たちの座席利用はむしろ歓迎されているのであろう。愛知県の大規模図書館では、いま図書館が高校生たちの自習勉強を禁止したら大変な批判を受ける、図書館で勉強するのは当たり前という雰囲気になっているという話も聞いた。

最近なにかと話題を呼んでいるのが、二〇一六年一一月三日に開館した神奈川県の大和市文化創造拠点「シリウス」内の、大和市立図書館である。大和市文化創造拠点「シリウス」は芸術文化ホール、図書館、生涯学習センター、屋内こども広場で構成され、床面積約二万三〇〇〇㎡（店舗や共用部分を含めると約二万五〇〇〇㎡）という巨大施設、総事業費は一五〇億円とも二〇〇億円とも報道されている。図書館は複合施設の中心施設でTRCが指定管理している。本稿で採り上げている問題が集約されているような図書館である。

施設内で自由に使用できる座席は八〇〇席以上になるということ。TRCは設計・建設段階から参入していて、ネットの「新・公民連携最前線」の記事によると、高校生が勉強できる席を思い切って増やすことについては、TRCの方から市に提案したのだという。八〇〇以上も席を設ければ、いくら高校生がやってきても席は十分確保できるので、見回りをしてこの席では勉強してはいけないと注意するなどの余計な気遣いも不要になるという。そのうえにさらに、有料の広いラウンジもある。これは有料なので、図書館ではなくて生涯学習施設として位置づけられているが、報道によると、夕方以降は高校生もここを勉強のために使っている。施設全体の入館者は一年経ってちょうど三〇〇万人になった。市は、「同種施設で全国屈指の利用の武蔵野プレイスの利用者は昨年度一九五万人」だったとして、すでに二〇〇万人を超えた昨年八月頃には、東名高速道路の陸橋に「日本一の図書館の街大和市」という横断幕を掲げた。

武蔵野プレイスは「滞在型図書館」のモデルとされてきたが、同じ意味で大和市立図書館は典型的な「滞在型図書館」であろう。ただし、「滞在」の場は複合施設全体である。これは「ツタヤ図書館」、大府、八千代、安城の図書館、武蔵野プレイスのすべてに共通している。

大和市では、たとえば子どもの本の開架フロアの奥にたくさんのカラフルな遊具を備えた広い室内の遊び広場がある。私が訪ねたときは、図書館の子どものスペースよりもはるかに多くの子どもたちが大声をあげて遊んでいた。ここは図書館の子どものフロアの一部分のように見えるが、部分的に有料であり、図書館とは別施設の「屋内こども広場」なのである。一階の入口近くの場所にはスターバックスがあって賑わっている。実はスターバックス以外にも、書架の設計やフロアのレイアウトなど、「ツタヤ図書館」の真似をしたのではないかと思えるほどよく似た個所がいくつもある。TRCは海老名市の混乱で、「CCCとは思想が違う」と発言して、以後新たな協力関係を絶ったようだが、実際には同じような思想で図書館の設計や管理・運営を引き受けているることがよくわかる。

その共通項としての考えは、図書館としてもっとも重視している機能に表現されている。それは図書館資料の収集・提供ではなくて、いかに多くの人たちが施設へやってくるかなのである。

図書館資料を利用しなくても、図書館をふくむ複合施設に多くの人が入館し、賑わいがつくられることが最大の評価となっている。子どものためのプレイルームでもよい、スターバックスでもよい、高校生・中学生の持ち込み勉強でもよい、おおぜいの人たちが利用すれば、それがなによりの成功となる。「日本一の図書館の街大和市」の「日本一」は複合施設全体の入館者数日本一を達成したという意味であり、「資料の利用」ではないし、「図書館」の入館者ですらない。

では貸出点数はというと、入館者について華々しく大々的に発表され、報道されているのに、貸出点数は発表にも報道にも出ていない。「シリウス」の図書館へ電話をしてTRCの職員に訊ねると、長い間待たされたあと、「貸出数はわかりません」という返事が返ってきた。「入館者は大きく報道されているのに貸出数はわからないのですか」と訊くと、「ホームページに年報が出ていますからそれを見てください」という答え。年報は二〇一五年度までしか出ていないと言うと、とにかく年報が出ないとわからないと要領を得ない返事が続くので、あきらめて電話を切った。

図書館の統計についての質問は地域・行政情報についてのレファレンスサービスの一つだと私は考えている。正式に公表される前でも、自分の図書館の統計はわかるはずなので、「最終的な数字ではない」と断ったうえで回答して問題は何もない。実はこれまでも、指定管理の図書館では何度も同じような対応を経験してきた。情報公開にきわめて後ろ向きなのである。

開館後最初の二か月間の貸出点数については、『新文化』（2017.2.9）で報道されていて、これによると一か月平均五万四二九九冊で旧大和市図書館の三五％増である。また、図書館へ電話をしたあとで調べてみると、九月の市議会で質問に答えて、八月末まで一〇か月間の貸出人数は二一万三三五二二人、貸出冊数は五六万八七三五冊だったと報告されている。途中経過だが公表されていたのであり、ＴＲＣの対応はあまりに不誠実というほかない。

いずれにせよ、一年間の貸出数を推測すると、七〇万冊以下、貸出人数は二五万～二六万人くらいである。巨大な図書館としては拍子抜けする数だ。三〇〇万人が入館しているのに、本を借りた人はそのうちの一〇％以下で、九〇％以上の人たちは本を借りない人たちなのである。しかし、それでよいのであろう。二〇一七年八月一六日の日本経済新聞の「いまどきの図書館」という連載記事によると、この複合施設にすでに二三〇万人が訪れたという紹介に続いて、大和市長は「本が主役ではない。本をきっかけに人が集まる居場所だ」とコメントし、大和市の主婦は「花の展示会などイベントが豊富なのがうれしい。本は立ち読みしかしないけど友達とここに来るのが楽しみ」と話している。

大和市は複合施設への入館者数により「日本一の図書館」を自称している。二〇一六年のライブラリー・オブ・ザ・イヤー大賞を受賞した伊丹市立図書館ことば蔵にも、入口や館内に「祝図書館日本一」いう派手な掲示が掲げられていた。受賞の理由は、市民とともにさまざまなイベント活動を展開したことで、この図書館も床面積六千㎡の規模で年間貸出数は七〇万点以下だが、受賞式の挨拶では「貸本だけじゃない、だれもが気軽に訪れて交流できる公園を目指して」と、わざわざ「貸本」という言葉を使っている。いま図書館のあり方として、人が集まり、賑わいが生まれ、「居場所」や「交流」の場となることがことさらに重視され、「資料提供」としての「貸出」は、数値すら公表されず、マスコミも関心を寄せない。

岡山では県立図書館も岡山市立図書館も、座席は図書館資料を利用するためという方針を基本としているため、高校生の自習勉強はそれほどは目立たない。「図書館の基本的な機能は資料提供である」と考えているからである。最近、全国的に高校生の座席利用について寛大な対応をする図書館が増えはじめ、本稿で紹介した新築の大規模図書館では、むしろ積極的に高校生の持ち込み学習を推進している。「資料提供」よりも、集いや賑わいの場を評価する「図書館のあり方」においては、大量の座席を備えて確実におおぜいの高校生が集まってくるのは良いことなのである。勉強だけではない。武蔵野プレイスには、遊び、おしゃべり、大声でゲーム、バンドの演奏、卓球等々のための広いフロアもある。子どもにはプレイルームを、幼児には保育を、大人にもさまざまなイベントを、という流れはこれから加速するだろう。資料提供ではない。人が集まっても資料の利用は特に増えたりしないいし、資料の奥行きも深まらない。資料費は増えず、蔵書内容についての意識的な取り組みは希薄になっていく一方で、経費だけは確実に増加していく。そして、このような図書館のあり方は、指定管理者制度という仕組みになじみやすい。

公立図書館は直営でなければならない。その根拠は、図書館は本質的に長い年月にわたる継続性を必要とする機関だからである。また、図書館は何よりも図書館資料によって成り立つ機関である。専門職である司書は大量の図書館資料について幅広い深い知識を持たなければならないが、そのためには長い経験とともに、その知識を職員から職員へ伝え、引き継いでゆく継続性が欠かせない。

しかし今、図書館資料の収集・保存・提供という図書館の本質的な機能に対する意識が、指定管理者制度の広がりと一体化してますます希薄になろうとしている。図書館資料の利用とかかわりのない、集いの場や賑わいづくりの役割、さまざまなイベント、遊び、などが図書館の主要な機能であるかのように語られ、その結果として入館者数が図書館資料の利用以上に成果として強調されている。高校生の自習勉強の容認あるいはむしろ推進という状況が各地の図書館で大きく目立つようになってきたのは、ただ単に『市民の図書館』以前の図書館への回帰といった現象ではない。背景には、図書館の本質を覆しかねない動きがあり、その一端としての現象であることを見過ごしてはならないと考えている。

(『談論風発』Vol.12 No.3 2018.3.31)

ちいさな本屋さんと図書館

岡山市のある商店街にちいさな本屋さんがある。店が小さいうえに、ほとんどの本を表紙を見せて棚に並べているので本の数は少ない。四百冊もあるかどうか。奥に古本が一棚だけあってあとは新本の一般書と絵本など、ほかに雑貨が少し置いてある。

これで商売として成り立つとはとても思えない。私は不躾とは思ったが五〇歳代くらいに見える主人にたずねてみた。「まあ、趣味みたいなもんです」という返事だった。

この商店街へ行くのは時たまで、当の本屋さんへ入ったのも、二回だけである。しかし、この二回とも、二冊ずつ本を買ってしまった。そうしたくなる、あるいはそうしないといけないかのような、そんな気持ちになってしまう。

初めて入ったとき、岩波文庫の『プレヴェール詩集』が目に止まった。若い頃に見た映画「天井桟敷の人々」の脚本で名前は知っていたが、詩は読んだことがない。新刊だし、少し大きな書店ならどこでも買える本だが、このちいさな本屋さんに並んでいる岩波文庫はこれ一冊だけだったから、いやでも目について、つい買ってしまった。他の書店なら見すごしたかもしれない。

ところが二度目に入ったとき、また同じ本が置いてあった。岩波は買い取り制である。推測だが店主は、売れないなら最終的には自分が買うつもりで入れているのだろうか。まさに「趣味みたいな」ものともいえるが、それだけに売れたときの気持ちは格別かもしれない。

二回目は石牟礼道子死去のニュースの何週間かのちの時期。この店の棚には石牟礼道子の『食べごしらえおままごと』（中央文庫）があった。もとはドメス出版から単行本が出ていて図書館にも入っていたが、私は読んでいない。中公文庫の同書の表紙は非常に美しい。二、三ページ立ち読みして、買った。店にある石牟礼道子の著書はこれ一冊だけ。とにかく何冊も並べることはできない。主著でもないこの一冊を選んでいるのが、この本屋さんらしさなのである。

岡山県の図書館横断検索システムで中公文庫の『食べごしらえおままごと』を検索してみたら、県立図書館と早島町立図書館の二館しか入っていない。以前のドメス出版のは岡山市など三館に入っているが、どれもすでに書庫である。書店と図書館では役割は異なるが、それにしてもちいさな本屋さんでたった一冊選ばれている石牟礼道子の著書が、岡山県内の図書館ではほとんど選ばれず、利用者にとっては出会うことができない。私もこの本屋さんで「出会った」のであり、探していたわけではない。図書館でも出会う機会があってよいのではないか。

この本屋さんには、人気作家の小説などはないようだが、逆にいかにも難しそうな本もない。市内の大型書店で特集棚がつくられているミシマ社の本が一冊あったから、評判の本を置かないというのではない。あくまでも店主独自の好みで選んで仕入れているのだろう。

何十年も前の話だが、私が勤めていた岡山市立図書館の小さな分館は、私の異動前年度の貸出冊数が四万八千冊、資料費わずか一〇〇万円という状況だった。何はともあれ人が来てくれる図書館にしなければと、当初は乏しい資料費を実際に利用される本に集中させた。六年後の分館勤務最終年度、貸出は一八万冊を越えた。

そんな中で一冊、個人的なこだわりで本を選んだことがある。新聞で吉田満著『朝日新聞社時代の松本清張―学歴の壁を破った根性の人』（九州人文化の会　1977）の新刊紹介を見て、出入りの書店を通して注文した。ローカルな出版物なので、小分館で買うべきか迷ったが、内容によっては自分で買いとればよいと考えた。

無名時代の松本清張は、朝日新聞九州支社で広告の図案作成の仕事をしていた。エリート社員たちから差別的な扱いを受けながら、ひそかに小説を書きはじめていた頃のことを、同じ職場でやはり下積みの仕事をしていた年下の著者が回想した本である。著者もまた小説を書いていて、社が出していたローカルな雑誌に著者の小説が採用される場面が描かれている。清張は社内でその雑誌を掲げ、大声で「載ったぞ、載ったぞ」と喜んでくれた。上司のエリート社員の冷たい目を感じ取った著者は、「松本さん。そんな大袈裟にしないで下さい」と小声で清張に懇願する。

すると清張は著者（当時の姓は田村）をじっと見据えて渋い声で言う。

「田村君。周囲を余り気にしちゃいかん。人間生きていて、本当に喜べる機会は、そんなに何度も来るものではない。極端な遠慮は自分を卑屈にし、自らの芽を摘み取ることさえある。周囲の冷たい眼は黙殺するんだ。喜びたまえ」。

松本清張は無名時代から偉大だった、と思った。新書判の地味な装丁の本だったが、私は本館で買っていないこの本を、分館に入れることにして、目立つように新着棚などに平置きした。何人かの人たちが借りてくれたのは確かである。ただその後一〇年以上を経てコンピュータ化されたのち、同書のデータがないのに気づいた。いま、岡山県内の図書館で、所蔵は一冊もない。

図書館員は〝個人的な関心や好みによって選択をしない〟（「図書館の自由に関する宣言」）よう努めなければならない。その一方で、ちいさな本屋さんの選択と、私の小分館での体験はある面で重なっている。私は〝個人的な好み〟で入れたとは考えていない。

一定規模以上の図書館であれば、石牟礼道子の著書は数多く入っているだろう。しかし、図書館員がその内容をどれほど知っているかは心許ない。一冊も読まずに、何となく漫然と、刊行されるたびに購入しているのかもしれない。『食べごしらえおままごと』は石牟礼道子の著書としてはおそらくマイナーな本だろうが、ちいさな本屋さんでは主人の思い入れが読者に伝わってくる。図書館が市民に本を提供するとき、どれほどの思い入れがあるだろうか。

　各地の図書館で最近、「○○のおすすめの本」という類いの棚をしばしば見かける。○○の内容はさまざまで、地域出身の有名人、地域在住の有名無名の人たち、地元のサッカーチームの選手たち、そして当図書館の職員も自ら、「司書が選んだおすすめの本」を展示している事例も少なからずある。私はこのような「おすすめの本」の棚は好きではない。「私が好きな本」「読んだ本」くらいならまだしも、「おすすめ」という言葉は、図書館の基本的な役割にそぐわない意味があると感じている。

　知らない本との出会いは図書館の大切な役割であり、司書としての立場で、「この本を利用者に知ってほしい」と意識的に思う本はしばしばある。しかしこれは「自分の好み」による選書でも、「おすすめ」でもない。さまざまな本を、それもあまり目立たないが気づいてほしい本を、さりげなく案内・紹介し、提供して、市民の主体的な読書に役立つよう努める、それが図書館の本来のあり方であろう。

　最近、施設は立派だが、司書の存在感が希薄で、資料内容がひどく薄っぺらに見える図書館をよく見かける。司書は本を読み、資料を知ることによって、司書としての力量を身につけ、利用者の信頼を得ることができる。司書の力量が図書館資料の幅と奥行きをつくり、利用を活気づけ、結果として貸出も伸びる。

ちいさな本屋さんの本についての思い入れはささやかに見えるが、図書館としても大切にしたいことだ。図書館のある一角、ある棚を見たとき、これというテーマの表示などはなくても、「この図書館には本が好きで、本をよく知っている司書がいる」のが実感され、つい本を手に取りたくなる。そんな図書館をいつも、これからも利用したいものだと思う。

（『風』No.204 2018.4.10）

理想の県立図書館を求めて

菱川廣光著『情報化時代の今、公共図書館の役割とは―岡山県立図書館の挑戦』が大学教育出版から刊行された。岡山県立図書館の歩みと現状について、詳しく、そしてわかりやすく、まとめられている。

岡山県立図書館は二〇〇四年九月に開館した。その翌年度から二〇一六年度までの一二年にわたって、入館者と貸出冊数は全国の都道府県立図書館中第一位を記録している。岡山県立の教育・文化施設のなかで、これほどまで多くの県民に利用され、全国に誇り得る実績をあげてきた施設はほかにない。しかし、著者菱川氏にとって、この数字は岡山県立図書館の本質という点で、一面にすぎない。

菱川氏は大学卒業後、岡山県立図書館の前身である岡山県総合文化センターに司書として就職し、四〇年近い図書館員人生の後半約二〇年を、新県立図書館の計画・建設と開館後二〇〇九年3月まで副館長等として運営に尽力し、県立図書館の発展を担ってきた。そのような立場から、新県立図書館の計画時から現在までの歩みを記しつつ、県立図書館の基本はなにか、どのような図書館を目指したかを詳細に語っている。

全国一の利用を誇るこの県立図書館の建設は、複雑な回り道を辿った。当初の計画は、六期二四年岡山県において絶対的な権力者だった当時の知事のトップダウンで進められた、奇抜でひどい内容のものだった。県民と県内図書館員の批判の声が高まり、マスコミからも疑問が出されるようになって社会問題化し広がる中、菱川氏は県社会教育課への異動により、意に沿わない内容の建設準備を担当することになった。そのときの頭を抱えるような心境を、「困りました。ほんとうに困りました」と記している。しかしやがて建設計画はストップした。そして八年もの迷走のはてに知事の交代によって計画が覆り、場所と建物が根本から見直された。

住民運動が図書館の建設に大きな影響を及ぼして劇的に変更された事例は、岡山県では数少ない。実は県立図書館問題の少し前に、岡山市立幸町図書館の建替をめぐり、一九八八年から翌年にかけて集中的に激しい住民運動が起こった。市立図書館の職員も市職労組合員の立場で運動して、計画が大きく変更され、現在の幸町図書館が建設された前例がある。

県立図書館についての運動は幸町図書館の事例に時期を接していたが、その後いまに至るまで図書館にかかわるこのような住民運動が県内で起こったことはない。岡山ではめずらしい貴重な事例なのだが、幸町図書館や県立図書館が多くの市民・県民に利用されてきた背後にこのような忘れてはならない歴史があることを知る人は、いまでは少なくなっている。

菱川氏は県立図書館問題が揺れ動く渦中にあって、図書館の責任ある立場の職員として、建設と運営を担ってきた。それだけに、県民と県内の図書館員の強い期待に応えようと、理想とする県立図書館のあり方を求めてきた。今にぎわう岡山県立図書館の原点にそのような歴史的経緯があることを、この書によりあらためて思い出してほしいと思う。

県立図書館開館後の状況について、入館者と貸出点数が多いことが何度も報道されている。マスコミが「全国一」の数字に注目するのは仕方ないことだが、岡山県立図書館は直接サービスばかりに力を入れているわけではない。菱川氏は新著を刊行した目的として、岡山県立図書館が何を運営の基本としているか、どのような県立図書館を目指しているか、正確な姿を伝えたいと思ったと記している。

菱川氏がとくに重視し強調しているのは資料の充実である。岡山県立図書館では新刊書の七〇％購入を目標として、この方針を基本構想に盛り込むとともに、これを実現できる資料費を確保した。市町村図書館が対応できない範囲の資料も県立図書館として責任を持って収集・保存し、来館者だけでなくて、全県下の住民の要求に応えるため、市町村図書館のサービスをバックアップし、市町村図書館を通して全県民にあらゆる資料を提供することを目指した。また、児童書は新刊全点購入をしている。

毎年実施されている「来館者アンケート調査」の「来館理由」を問う質問では、「資料が多い」

が最多になっている。資料が充実していて、読みたい本があれば県内のどの市町村の住民であっても必ず応えてもらうことができる。これが県立図書館としての最大の魅力なのである。そのために、直接サービスとともに、県内全市町村の基幹図書館と図書館のない自治体の公民館へ、現在は週二回の資料搬送を県立図書館の責任として実施している。

県立図書館の資料費は二〇〇八年度までは二億円を超え、その後も二〇一四年度までは一億七五〇〇万円を維持して、新刊書の七〇％購入を実施してきた。しかし、知事も代わり二〇一五年度以降、資料費は約一億二〇〇〇万円まで減額された。「新刊書七〇％程度の継続的収集」は議会でも何度も県民に約束した基本的な方針だったのに、それがなしくずし的に不可能になったことについて、菱川氏は「はらわたが煮えくり返る思い」だったとして、地元山陽新聞に長文の寄稿を寄せている。先人が努力して実現してきたことが、いつの間にか議論もなしに後退していく事実をきちんと検証するためにも、書籍として記録が残されるのは大切なことである。

岡山県立図書館の利用が多い理由の一つは、親しみやすく使いやすい施設であり、職員体制が充実していて司書に尋ねやすい雰囲気がつくられていることである。大阪府立中央図書館や奈良県立図書情報館など著名な府県立図書館を見学したとき、玄関からカウンターまで、あるいは書架連からカウンターまでの距離が遠くて、そのために気軽に職員に声をかけにくい雰囲気を感じたものだが、その点で岡山県立図書館は利用者と職員の距離が物理的にも心理的にも近く感じられ、気軽に職員に尋ねやすい印象がある。土曜・日曜や祝日には、副館長当時の菱川氏もカウンターで応接をしていたし、現在の司書職トップの職員もしばしばカウンターに出ている。県立図書館で副館長が現場に立つ光景は、他県ではあまり見かけない。

岡山県立図書館は新館開館以降、一時的な流行に惑わされず、奇をてらわず、いわば県立図書館として当たり前のサービスの充実に力を注いできた。そのため、数値の上でめざましい実績をあげながらも、全国的には派手な話題を振りまくこともなく、マスコミでは「日本一まじめな図書館」と紹介されたりしてきた。菱川氏は、課題解決型図書館、にぎわいの創出、まちづくり、交流の場、といったいま流行の耳あたりのよい言葉以前に、まず図書館の基本を大切にすることを強調している。よい図書館をつくることがにぎわいの創出にもまちづくりにもつながるのであり、目的と結果を逆転させてはならないと語っている。まさに正論である。

しかし岡山県立図書館には、先にふれた資料費削減のほかにも、多くの課題がある。市町村図書館の現状はまだもの足らないが、県による県内図書館の振興という重要な役割は未だ十分には果たされていない。指定管理の図書館が全国に広がる中で、岡山県は小分館一館を除いて直営体制を維持してきたが、二〇一七年に「ツタヤ図書館」と「TRC図書館」が各一館ずつ開館した。指定管理導入までの過程において、県立図書館は頼れる相談窓口になり得たのか、自治体に対して適切な働きかけやアドバイスはできなかったのか、疑問が残る。

図書館は地味で目立たないが、県民の教育・文化そして生活を深い基盤で支える大切な施設である。県立図書館が建設時の原点を忘れずに、さらなる発展を目指すよう、菱川氏の思いが多くの県民と図書館員に共有されることを願う。

（『風』No.205 2018.5.10）

美しいすばらしい図書館とプレハブの図書館

何年か前から「世界の美しい図書館」といった内容の本やネット上の写真集などが次々に出るようになった。私もそれなりに楽しんで見ている。もの珍しさもあるし、確かに美しい。歴史的に有名な修道院や古い大学の図書館などはネット観光として見ているようなものだし、現代の図書館でも国立、大学、私立の図書館を見る場合の気持ちも大差はない。

しかし、公立図書館となると少し意識は異なる。特に、外国の図書館に混じって、日本を代表する「美しい図書館」が出てくると、にわかに現実の世界に引き戻される。どれも実際に見ている図書館なのだが、実物を見ると必ずしもすばらしいとは思わない。見た目に美しくデザインが人目を引くことと、図書館の機能、働き、使いやすさ、資料利用の実態、経費に無駄がないかなどは、ほとんどの場合両立していない。図書館は鑑賞用の施設ではないのに、その一面ばかりが過剰なまでに評価されている。

「世界的な建築家」と評される著名人が設計した図書館が最近増えている。世界各国から建築作品として見学に来る人も多いと聞く。そんな「世界的な建築家」が設計した図書館は半世紀以前からあったが、図書館員はおおむね冷静な評価を下していた。それがいつ頃からか見方が変わってきた。二〇〇一年にせんだいメディアテークが開館しているが、この頃から建築家や「建築作品」によって図書館を評価する風潮が広がるようになった。平行して、多くの設計者が、図書館の機能よりも、必要以上にデザインにこだわるようになった。自治体の側には、図書館建築について知識と見識を持つ司書が少なくなり、設計者、図書館コンサルタント、TRC関連会社などにすべてを任せるようになった。コンサルタントやTRCは連携している設計者と組んで、デザインとともに機械化・ハイテク化も推奨し、マスコミにも派手にアピールするので、そんな図書館がさらに増えていく。

国はいま、政策として公共施設の複合化を推し進めようとしている。施設は巨大化し、巨額の経費が動き、それに比例して派手に目立ち、話題を呼ぶ建築作品がつくられていく。

美しい図書館や有名建築家の作品に感心した市長が、我が市にもあいう図書館をとトップダウンで決めて、それらしき図書館がつくられてしまった事例もある。写真集やネットの世界だと呑気に楽しんで見ていたら、いつのまにか現実に影響しかねない浮ついた時代なのだ。図書館の基本的なあり方について論議を深めるよりも、手っ取り早く話題性を求める傾向が強くなり、図書館の原点は見失われていく。

五年以上前だが、『風』No.142（2013.2.20）の「小規模図書館の可能性」で岡山市の伊島図書館のことを紹介した（『図書館の基本を求めてⅦ』に収録）。この図書館は当初は古い建物を使って開館したが、老朽化が進み一九八三年、近くの小学校側門近くの道路沿いに小さなプレハブの図書館として移転した。床面積三二㎡のおもちゃのようなミニ図書館だった。

開館時間は午後二時から五時までの三時間、職員は一日の勤務時間四時間の嘱託職員一名だけ。開館時間の前後三〇分で準備と片付け、予約の連絡などをする。職員が休む日に、私も何度か交代でこの図書館へ行った。書架は壁面と、真ん中に両面一列だけ、空いている場所に小さな椅子が二つくらい。カウンター内は一人しか入れない。トイレもないので、どうしても必要なときは小学校のを借りていた。

ところがこのミニ図書館で、年間貸出数は少ない年度で五万七千冊だったのが、だんだん利用が伸びて、一〇年後の一九九三年度は七万七千冊くらいに達した。開館するとまず、近所のお年寄りが来たり、主婦が幼児をつれてやってきたり、やがて授業が終わると、ランドセルを背負った子どもたちが殺到し、たちまち狭い通路が子どもたちでいっぱいになり、甲高い声が騒音になって響き渡る。貸出や返却でごった返す中、それでも子どもたちは遠慮なしに職員にあれこれ話しかけ、何か尋ね、予約をする。短い時間で後片付けをするのは大変だった。岡山市では学校図書館が整っていて、司書も配置されているのだが、それでも子どもたちは学校が終わると、小さな分館へ殺到した。

一九九四年八月に近くに公民館が建設され、伊島図書館は公民館のロビー内に併設された。床面積は六六・四㎡に増えたが、相変わらずの小規模図書館である。しかし、年間貸出数は二〇一七年度、二八万冊にもなっている。

伊島図書館がプレハブだった時期にもう一つプレハブの図書館があった。地区図書館だった幸町図書館が同じ場所に建て替えられることになり、一九八九年秋の取り壊しから一九九二年五月の新図書館開設までの間、別の場所に仮設館が設けられたのだが、これが六七㎡のプレハブだった。書架などの家具類もすべて旧幸町図書館の古いものを使用したので、どこから見ても一時的な間に合わせの施設だった。施設内にトイレはなくて、道路際に仮設トイレが置かれたが、女性職員は使用を拒否して、近くの福祉関係の事務所のトイレを使わせてもらった。職員が弁当を食べたりお茶を飲んだりできるスペースも、私の記憶では一人か二人が座れる一角をカーテンで仕切っただけ、プレハブは夏は一段と暑く、冬は一段と寒かった。

しかし、職員はこの六七㎡のおんぼろ仮設館の利用を活発にしようと頑張った。年間貸出数は一九九〇年度が一五万一千冊、一九九一年度が一五万七千冊、当時としては立派なものではないか。新幸町図書館が完成した後、仮設館の地元からこの仮設を正式に図書館として残してほしいという声が上がったほど親しまれたのである。

今どき、昔のプレハブ図書館を紹介するのは時代錯誤だろうか。いま、滞在型図書館、くつろぎや交流の場、サードプレイスなど、施設の快適さやにぎわいを評価する言葉がもてはやされている。資料の利用よりも入館者数が、最大の評価の指標として発表・報道されたりしている。施設が立派で評判になるのは良いことだが、その点に過剰なほど経費をかける一方で、図書館数を増やすこと、資料提供という基本的な機能と職員体制の充実などには、関心と経費が向けられない。日本の公立図書館数は三三〇〇館くらいだが、世界の図書館先進国と人口比で比較すると、まだ非常に少ない。しかも三三〇〇館のうち年間貸出数が五万点に満たない館が二五％以上、一〇万点までが四〇％以上、二〇万点までが六〇％以上である。住民の身近に図書館がないうえに、あまりに貧弱で資料の利用が不活発な図書館が多い。

自治体の財政難や人口減少への対応として、施設の複合化や統廃合を目指し、その見返りのように自治体の規模に不相応なほど立派な大型施設をつくる政策が進んでいるが、私はむしろ逆の方向を希望する。

小さなプレハブ図書館であっても、伊島や幸町仮設館のサービスが実現できる。まして通常の一定規模の施設であれば、複数整備しても一点豪華な施設よりもはるかに少ない経費で、大きなサービス効果をもたらすことが可能となる。その場合、肝心なのは、資料費の充実と選書、そして何よりも職員に人を得ること、図書館としてどのサービスに力を注ぎ、経費を集中させるか、なのでである。

高齢化・少子化が進めば、身近に図書館があって、基本的な資料提供サービスを保障するシステムは、いっそう切実に求められる。限られた数の大規模施設に税金を費やして将来に大きな財政負担を残すよりも、中小規模でも機能的に優れた図書館を各地域に設ける方がはるかに役に立ち、将来の社会の変化にも、より柔軟に適切に、対応できるのではないか。

（『風』No.206 2018.6.10）

山中湖情報創造館の現在

二〇〇四年四月に開館した山梨県山中湖村の山中湖情報創造館は、指定管理者制度を最初に導入した図書館であり、そのユニークな運営方針により大きな話題を呼んだ。指定管理者はＮＰＯ法人地域資料デジタル化研究会で、理事長兼初代館長の小林是綱氏は、さまざまなメディア、研究会、講演会などを通して、「最先端の図書館」「これからの図書館」のイメージを大々的に発信し、小さな村の図書館には、全国各地から見学者が後を絶たずやってきた。

ジャパンナレッジサイトで小林氏は、「日本一のレファレンス図書館」を目指し、インターネットなどデジタル技術に対応して図書館本来の役割をはたすためには「従来の司書能力だけではダメ」なので、デジタルライブラリアンを採用する、などと語った。また、文科省の『これからの図書館像　実践事例集』等で、上記以外の特徴を例示している。

・休館日月一回、九時三〇分～二一時（冬期一九時）開館
・予約本を二四時間受け取れる装置を設置
・自動貸出・返却機により貸出業務を省力化。職員はレファレンス・サービスやフロアワーク

に力を注ぐ

・ビジネス支援・観光産業へのサービスを徹底

・地域資料を充実（富士山関連など）

・職員の自己実現のための新しい働き方を提案

・住民の選書ツアー、等々

これからの公共図書館の方向として、小林氏は、「運営は民営であることの方が望ましい」「（図書館は民営化を進めなければ）存続の価値を失うであろう」と繰り返し主張していた。

この図書館について世評がほぼ礼賛一色だったところ、私は、『談論風発』（no.1 2006.4.6）に「つくられた「現実」、虚像としての民営化」を発表し、同館のことを批判的に論評した。いま読み返し、現在の同館の状況を重ねてみて、当時の私の判断や評価に誤りはなかったと、あらためて思う。

それからさらに三年以上経た二〇〇九年の夏、私は初めて山中湖村を訪ねた。当時、山中湖情報創造館の利用はまだ上昇中の頃で、夏には別荘族の人口が村の人口と同じくらいになるという季節でもあったので、もっとも利用が多い時期だった。ふつうの村の一図書館として見ると、一見では新しくて美しく、好ましい印象で、その点ではむしろほっとした。しかし、繰り返し主張されてきた特徴的なサービスについては、中身のない空疎な言葉にすぎなかったことを、あらためて確認した。

予算について正確に知りたいと思って村の予算書を求めたところ、図書館にはないので役場へ行ってくださいと返事された。暑い中、私はテクテクと歩いて役場へ行き、予算書を見せてもらった。おかげで職員から図書館について、本音に近い冷めた言葉も聞けたが、それにしても、「日本一のレファレンス図書館」「地域資料を充実」を謳う図書館の実態は、あまりに淋しかった。なお、このときの感想はその年の末に上記「つくられた「現実」、虚像としての民営化」を『図書館の基本を求めてⅢ』（2009）に収録したとき、控えめに補注として加えた。

今年二〇一八年は山中湖情報創造館指定管理一五年目になるが、指定管理者は継続し、館長は四年目に、当初副館長だった丸山高広氏に交代して現在に至っている。丸山氏は「デジタルライブラリアン」の肩書きで、前館長に劣らず積極的な情報発信をしてきた。しかし、今では、図書館界もマスコミも、この図書館のことをあまり話題にしていない。

図2のグラフは二〇〇四年度から二〇一六年度までの山中湖情報創造館の年間貸出点数の推移である。二〇一〇年度までは利用が伸びていたが、二〇一一年度以降は逆に一貫して減少し、開館三年目の数値以下まで落ちている（なお、この図書館の二〇〇六年六月以降の貸出点数には、

館内のパソコン、ＡＶ機器、それに学習室の利用人数がすべて貸出点数にプラスされていて、二〇〇八年度の場合、その割合は約一一%になっている)。

山中湖村の人口はほぼ横ばいである。観光の村だが、村内に陸上自衛隊の北富士演習場があるために、財政力指数が非常に高い裕福な村で、情報創造館の資料費も図書館費も、おおよそ同じ水準が保障されてきたのに、この結果だ。

「日本一のレファレンス図書館」という目標は、どうなっているのか。『日本の図書館　２０１７』(電子媒体版)で確認すると、年間参考受付件数はわずか九三件、複写枚数は五八八枚。貸出・返却の機械化でレファレンス等に専念できると主張していたが、貸出点数は一時間当たり一五冊にもならない。貸出・返却作業をしながら利用者と言葉を交わし、資料案内のきっかけとする方がはるかに大切ではないか。予約件数年間一四九五件、一日平均約四件。予約本が二四時間受け取れる装置など不要であろう。

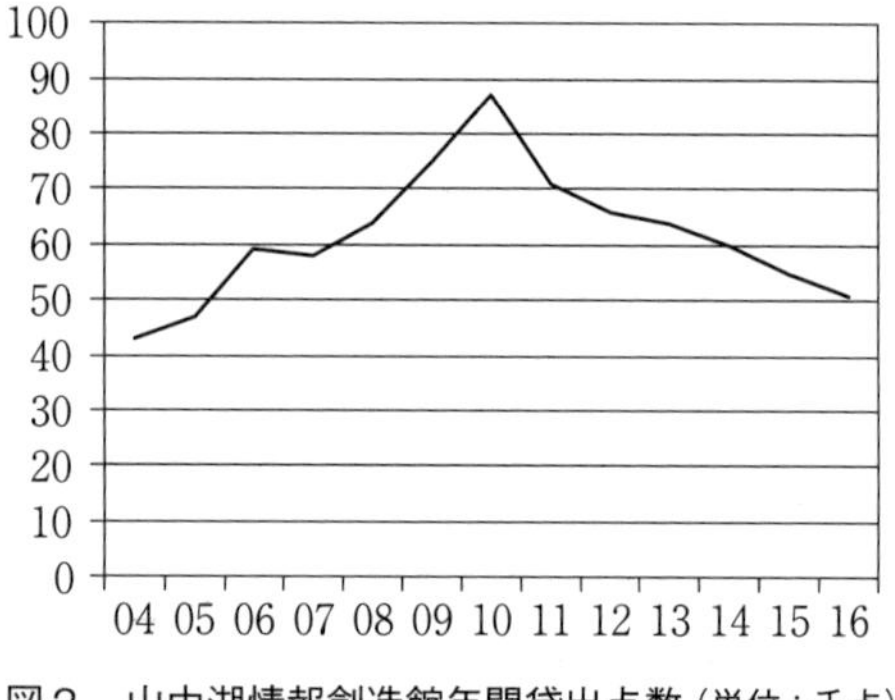

図２　山中湖情報創造館年間貸出点数(単位：千点)

レファレンス件数が四日に一件もない図書館で、「デジタルライブラリアン」はどんな役割をはたし、住民へのサービスに役立っているのか、実際の成果をもたらしているのか、よくわからない。ビジネス支援など絵空事に思える。

二〇一四年一〇月一六日の国立国会図書館カレントアウェアネスに「山中湖情報創造館、電子図書館サービス実証実験を開始」という記事が出ている。日本電子図書館サービスの協力による事業で、出版社数十社が参加するという内容。いま山中湖情報創造館のホームページには、「ご好評をいただいております『電子図書館サービス』ですが、この平成三〇年三月三一日（土）をもちましてサービス終了となります」というお知らせが出ている。実証実験の結果については、私の知る限りでは公表された報告はないし、三年半の利用状況すら知ることができない。

二〇一五年には3Dプリンターや人型ロボット「ペッパー」を導入しているが、経費はいくらなのか、図書館サービスにどのような意義があり、経費に見合う効果はあったのかなど、すべて不明である。こんな「新しいサービス」が、デジタルライブラリアンの趣味や個人的アピールのために導入されたとは考えたくないが、図書館の詳しい年報・要覧もなく、ホームページによる情報の公開すらも、当初の元気だった頃よりはるかに後退し、実態は何もわからない。

山中湖情報創造館の盛衰の姿は、いま派手な話題を呼んでいるTRC図書館やツタヤ図書館の原型であり、共通の問題を映しだしている。利用の盛衰、当初のはなやかなPRと空疎な結果、脆弱な職員体制、結構高くつく経費など、それぞれに現在の指定管理の図書館の特徴的な一面が透けて見える。

山中湖情報創造館の評判が頂点にあった頃、図書館界やマスコミはどう論じてきたか、問題点を的確に指摘してきたか、振り返るべきであろう。研究者も図書館員も、いま各地に拡大した指定管理の図書館の実態をつかみ、評価を誤らないためにも、忘れられかけている山中湖情報創造館について再検証してほしいと思う。

（『風』No.207 2018.7.10）

行政が優先しなければならないこと

七月六日から七日にかけての豪雨災害は、災害の少なかった岡山県では例がないほどの被害をもたらした。特に被害が大きかったのは倉敷市真備町だったが、全国的には報道されない被害も県内各地にあり､私が住む岡山市東区でも天井川の砂川が決壊して相当広い地域が床上浸水した。私の近くの地域では、用水脇の路が冠水して、近くの道路まで流れ出ていたが、家に浸水するほどではなかった。

真備町では、ハザードマップの予想と現実の被害が、驚くほぼ一致していたが、ハザードマップのことは知らなかったと語る住民も多くて、住民自身がもっと危機管理意識を持たなければという論評もマスコミには出ていた。しかし、住民にとっては、早く避難する選択はあったかもしれないが、災害そのものを防ぐ方法はないから、危機管理にも限度がある。ハード面で災害を未然に防ぎ、あるいは最小限にとどめるのは、行政の役割である。

国も県も市も、ハザードマップの内容はすでに相当以前から熟知し、対策の必要性に迫られていた。決壊した小田川の堤防の補強や高梁川への水路変更の工事は、この秋には始まる予定だった。しかし、もっと早く工事を始めることはできなかったのか、とだれもが思う。甚大な被害、街の復興、小田川等の改修等を考えると、もっと早く工事を進めていたなら、災害による損害とは比較にならない負担で、災害そのものを防ぐことができていたかもしれない。結果論ではなくて、あれは人災だったという声も出ている。小田川には流れも見えないほど樹木や草が生い茂り、水流を妨げていた。それを取り除くだけでも減災になった。大きな手間のかかる工事ではなかった、という指摘もある。

行政機関が河川工事の必要性を認識したとしても、実際に工事に取りかかるまでには長い期間がかかる。現場を知る市の職員には切迫した意識があったとしても、行政の中枢が動かなければ、国による工事の開始にはなかなか至らない。実際に災害が起こらない間は、差し迫った危険が目に見えない河川の改修事業は、あまりに地味で注目してくれる人は少ない。行政の長や中枢の職員、そしてマスコミの関心は、どうしても政策的で大きな話題になる、華々しい事業に向かいがちで、そのような傾向は全国どこでも、近年特に著しい。限られた人員と予算の中で、ほんとうは必要不可欠でありながら目立たない事業は、ほとんど無意識的に後回しにされ、実施が遅れていく。

また、実際に工事が実施され、それによって災害を未然に防ぐことができた場合も、「被害がなかった」ことの背景に関心を寄せる人は少なく、成果にも気づかない。しかし、国も自治体も、行政としてほんとうに力を注がなければならないのは、そのような目立たないが、行政にこそ求められる地道な仕事ではないか。

公務員としての司書の数が急速に減少しているが、司書に限らず、自治体から専門職という職種の職員が削減されていると聞く。特定の分野の仕事しかできない職員が増えると組織が滞る。どこへでも動ける一般行政職の職員が　さまざまな部や課を異動しながら幅広く経験をつみ、管理職として中枢的な役割を担うのが望ましい人事のあり方なのだという。

私が岡山市の幸町図書館の建設を図書館職員として担当したときは、建築・電気・機械などの技術の専門職員もチームに加わりときどき打ち合わせをしたが、こんな体制で図書館の建設を進める方法は、大規模な都市においても、これからは少なくなるのかもしれない。

図書館の建設では全国的に外部への丸投げが多くなっている。自治体の内部で、専門的な立場からかかわることのできる職員がいなくなれば、自然の成り行きだ。災害につながる土木の分野に、第一線の自治体で専門職が少なくなったら、どうなるのか。専門的な知見・経験を持たない職員が調整したり資料を取りまとめたりする体制で、本来は切実に緊急性が求められる事業を、実感を伴って推進できるものなのか。

二〇年前に日本図書館協会企画・監修で紀伊国屋書店から発行された『ある図書館長の一日～市町村図書館経営の実際』（1998）というビデオがある。ストーリーは創作なのだが、滋賀県湖東町立図書館を舞台に、図書館長と三人の司書の一日が描かれていて、私が大学で教えていたときは、小さな町の図書館職員の専門性を考えるための教材として使っていた。当時の図書館員や学生は、目指すべき司書のあり方について、いくぶん理想化されてはいるが、決して絵空事ではない現実の事例として学んだのではないか。しかしいま、図書館現場の職員はこのビデオを見て、現実の図書館員の状況とあまりに違いすぎると思うかもしれない。

ビデオの中の館長や司書は、貸出のカウンターに立ち、資料案内やレファレンスに取り組み、県立図書館から資料を取り寄せたりしながら、平行して来年度や数年後の計画に思いを巡らし、市民グループと交流し、館長は教育長と相談をしたり、商工会議所や病院で打ち合わせたり、県立図書館へ出かけたりしている。実務と図書館経営は一連の仕事であり境はない。専門職とは、実務に携わり、住民サービスの向上に責任を持ち、何年も先の図書館の発展を視野に入れながら町の図書館政策や図書館行政を担っている職員なのである。当時は現実の図書館においても、少なくともリーダー的な司書にはそのような意識がみなぎっていたし、それがなければ図書館行政の発展はないことを肌で感じていたはずで、実際にもそのようなリーダーを中心とした図書館員の実践と理論が日本の図書館の大きな発展をつくってきた。

しかし今、現実の図書館では、「司書の専門性」の意味は非常に狭くなった。職員もそれに疑問を持たなくなっている。指定管理の図書館では、司書の仕事はあらかじめ定められた契約の範囲の実務であり、本来の図書館経営も将来を見据えた図書館行政へのかかわりも責任の範囲外である。一方、自治体側にも、図書館の実務と経営・図書館行政を一連の領域としてかかわる専門職はいなくなる。そればかりか、指定管理の拡大とともに、直営の図書館においても、司書の役割が指定管理の職員と大差ない実務だけの範囲に限られる現象が進行し、司書の意識も萎縮している。せっかく新たに図書館が新築されるとき、計画にも設計にも司書がかかわらない事例が増えている。行政の最先端の場に、自治体の専門分野の発展に主役としてかかわるべき専門職がいなくなっているのである。

ビデオでもう一つ次の点を指摘したい。

この町の図書館の司書たちは生き生きと仕事をし、充実したサービスを展開していることが推測できる。しかし、そのような状況はいわば当たり前の日常であって、特に話題を呼ぶことではないし、マスコミのニュースになるとも思えない。図書館サービスのほんとうの成果は日常のサービスの充実なのであり、その成果に自信を持てない図書館ほど、話題を求めて頻繁なイベントなどに走るものなのである。

災害から一か月が過ぎて、その間、テレビのニュースでは毎日のように猛暑の中の被災地の状況が報道されていた。その一方で、災害報道が終わると、アナウンサーの表情がパッと一変して明るくなり、今度は東京オリンピックのニュースになる。マスコットの名称が決まっただの、開会式の演出の統括がだれに決まっただの、マラソンのスタート時刻だの。そのたびに、オリンピックの経費と災害対策の経費を比較したくなる。オリンピックの工事の経費と労力を、わずかでも災害を未然に防ぐ工事へ回していたなら……などとあまり意味のない疑問をテレビに向かってつぶやくこともある。

（『風』No.208 2018.8.10）

昔の記憶の中の読書

この夏はとにかく暑かった。暑い暑いと毎日を過ごしていると、あっという間に日が経ち、振り返ってみて何をしていたのか思い出せない。二階の私の部屋は午後になると連日三五度くらいになって夜も下がらない。一階の涼しい部屋へ避難するのだがデスクトップのパソコンが使えないので、仕方なしに漫然と本を読んでいた。暑さを忘れるために読んでいるような感じで、何を読んだか、あまり頭に残っていない。

暑くて出不精を決め込んでいるうちに、青春18切符の使用期限が迫ってきたので、先日大阪まで、プーシキン美術館展を見に行った。会場へ入ると、一番最初にクロード・ロランの絵があった。クロード・ロランの絵はいままで、関西の美術館の特別展でいくつか見ているが、そのつど思い出す本がある。

高校三年の夏休み、ドストエフスキーの『悪霊』を読んだ。私の家は海沿いの村だったが、午前中は一応受験勉強をして、午後の一番暑い時間は筵《むしろ》を抱えて海岸の舟小屋へ行く。向かいの家が漁師さんで、その時間はたいてい漁に出ていて舟小屋は空いていたから、勝手に筵を敷いて、座ったり寝転んだりして本を読んだ。

ドストエフスキーの長編では、『罪と罰』『カラマーゾフの兄弟』を読んでいたので、『悪霊』は何気なく次に選んだのだが、最初の四分の一くらいがあまり面白くなくて、なかなかページが進まない。長い長いロシア人の名前が次々出てきて、人間関係も状況もわからなくなってくる。重ったるい海風に吹かれながらページを追っていると、だんだん眠くなってきて、ますますわからなくなり、最初へ戻って読み直したりする。行きつ戻りつしながら何日もかかって最初の四分の一くらいが過ぎた頃から、ようやく主人公を取り巻く主要な人物が登場して動き始め、俄然面白くなって、あとは一気呵成だった。

この『悪霊』には、作者の生前には内容が衝撃的すぎるという理由で発表できなかった断章があり、現在では「スタヴローギンの告白」といった題で、作品の途中か末尾などに補われている。その中に、主人公スタヴローギンが夢を見る場面がある。ドレスデンの美術館で見たクロード・ロランの「アシスとガラテア」の絵の光景が、夢の中で現実のように眼のまえに広がるのである。


それはギリシャ多島海の一角で、愛撫するような青い波、大小の島々、岩、花咲き満ちた岸辺、魔法のパノラマに似た遠方《おちかた》、呼び招くような落日、―とうてい言葉で現すことは出来ない。ここで欧州の人類は自分の揺籃を記憶に刻みつけたのである。ここで神話の最初の情景が演じられ、ここに地上の楽園が存在していたのである……ここには美しい人々が住んでいた。彼らは幸福な、けがれのない心持で眠りから目覚めていた。森は彼らの楽しい歌声にみたされ、新鮮な力の余剰は、単純な喜びと愛に向けられていた。太陽は自分の美しい子供たちを喜ばしげに眺めながら、島々や海に光を浴びせかけていた。黄金時代！　これは人類のすばらしい夢であり、偉大な迷いである……（米川正夫訳）

ドストエフスキーはドレスデンに滞在していたとき、何度もこの絵を見に行ったということで、この絵に「黄金時代」という題をつけていた。高校生の時に読んだこの部分は、強烈な忘れがたい印象として記憶に残り、クロード・ロランの絵を見ると、いつもこの文章が思い出されてくる。

『悪霊』に限らない。高校生の頃までに読んだ本の中には、その後の人生において、しばしば同じように、記憶の中から不意に鮮明に浮かび上がってくる場面がある。「若い頃の読書の影響は大きい」などと一般化してしまえばそれまでの話だ。しかし、それは強烈なまでに記憶の中に根を張っているのに、どんな影響をどのように受けたのか、説明するのは難しい。それでいて、自分にとってまちがいなく特別な意味を持つ影響なのである。

いま思い出してみると、高校を卒業するまでに読んだ本の数は知れていて、現在の子どもたちとは比べものにならないほど少ない。なによりも身の回りに本がなかった。

小学校には図書館と呼べるほどのものはなかったし、中学校は小さな分校で、廊下に本棚が並んでいたのが「図書館」だった。公民館の二階に、おそらく村の読書家が寄贈したと思える古い本があり、農閑期に週に一度くらい、夜二時間ほど、青年団が係になって開けていた。寄贈本には子どもの本はほとんどなかった。京都府立図書館の分館からときどき団体貸出で五〇～六〇冊ほどの本を借りていて、大人はこれを目当てに借りに来ていた。子ども向きの本も何冊か選んであって、主に講談社の「世界名作全集」の類いだったが、小学生の間にほとんど読みつくして、中学生になると、棚の古い寄贈本の中から、戦前の新潮社の世界文学全集の端本などを読むようになった。

高校生になるとたまには町の本屋で文庫本を買ったが、金がないので数も限られている。本屋も小さいし、市の図書館は貧弱だった。一番頼りにしたのは高校の図書館だったが、内容は限られ、偏っている。文学では世界文学・日本文学の名作が主で、当時の現代作家の作品などはほとんどない。いま「ドストエフスキーを読んだ」と言えば、気取っていると受け取られるかも知れないが、むしろそんな作品しか読めなかったのが実状だった。絵にしても、クロード・ロランの作品などは白黒の小さな写真すら見たことがなくて、『悪霊』でドストエフスキーが描く「アシスとガラテア」を「読んだ」のが初めての出会いだった。だからそれだけ、一冊一冊の読書の印象や影響は大きくて重かったのかもしれない。

この六月、高校時代の友人二人が岡山へ来てくれて、三日間、倉敷や牛窓などを巡り、旅館で夜遅くまで語り合った。大学も仕事も性格も違っていたが、今もつき合いが続いている。その源泉はあの時期の読書ではなかったかと、いま思っている。本を読み、青っぽい議論を交わし、それが意識の共有や共感の源泉として生き続けている。少し背伸びをしながら、身近にある数少ない本の中から、記憶に残り続ける本を探し出して読み、語り合っていたのである。

当時と比べものにならないほど、図書館はいま豊かになっている。私は自分の貧しい図書館体験を反面教師として、図書館の発展を目指してきた。それは相当の程度まで実現したが、まだまだ不十分である。

図書館の発展の過程で、疑問を感じてきたテーマもある。本稿の内容との関連では、若い世代の読書について、「ヤングアダルト（YA）サービス」という取り組みに、私は今に至るまでなじめない。子どもが大人に変わるとき、読書の内容も大きく飛躍する、大人への自らの意志として飛躍しなければならない。それが私の経験の中のイメージである。

YAサービスは、子どもから大人への間に、YAという中間の踏み台をわざわざ大人が用意する。親切なステップに思えるが、子どもから大人への変化は、意識の面でも読書の内容においても曖昧になり、大人になろうとする自らの意思を妨げる。高校生どころか大学生の読書内容までが、子どもと大人の間の区別のないなだらかな坂の途上にあるように見える。自分の個人的な体験が、図書館サービスの考え方に影響しているためかもしれないが。

（『風』No.209 2018.9.10）

なぜ、そんなに忙しいのか

身近で知っている現場の図書館員は、とにかく忙しい。毎晩遅くまで残業をしている。休みの日にも仕事に出ている。

私の現役の時も忙しかった。図書館勤務の後半一〇年くらいは、夜九時より早く家に帰ってくる日は少なかった。その一方で、特に何かなければ、できるだけそれ以上は遅くならないよう努め、忙しくても規則的な生活を心がけた。今はとてもそれでは済まないらしい。時間的にもそうだが、忙しさの中身の点でも違っている。


私が岡山市立図書館に入ったのは一九七〇年で、それから三〇年、二〇〇〇年度まで勤めた。一九七〇年度の岡山市立図書館の年間貸出数は約五万三千冊、二〇〇〇年度は約三九五万点なので七五倍である。この間、コンピュータ導入で長期休館した年度以外は、毎年利用が伸び続け、減少は一度もなかった。その後も、四四三万点まで伸びている。

当初はたしかに暇だった。一般開架のフロアにはレファレンス・カウンターと貸出用カウンターの二つがあり、貸出の方には臨時職員が一人だけ配置されていた。昼の一時間は整理担当の職員が交代するのだが、整理中の新刊書を持っていって読んでいる職員もいた。私は岡山市の職員になる前は広島市に住んでいたが、市の図書館の案内カウンターの職員はいつも読書をしていたから、当時はどこもそんなものだったのだろう。

しかし、一九七〇年は『市民の図書館』が刊行された年である。それ以前からすでに、「中小レポート」の実地調査委員を務めた黒崎義博氏や金光図書館の秋田征矢雄氏を中心に、岡山でも変革の動きが始まっていたが、『市民の図書館』の刊行で急激に機運が高まった。一九七〇年、岡山市立図書館の赤木庚館長は桃山学院大学の夏の司書講習を受講、その合間に関西の図書館を見て回り、改革のうねりを肌で感じて大きな刺激を受け、自ら旗を振って貸出を伸ばすための提案を職員に呼びかけた。私は八月という変則的な時期に採用されたのだが、九月以降、図書館は急速に変わり始めた。

一〇月の曝書期間中に館内の模様替が実施された。二階の一般開架フロアの新聞閲覧室のしきりの板壁を取り払い、新聞はロビーへ出して開架室を広げ、貸出カウンターをレファレンス・カウンターの場へ移して一つにまとめた。これ以降、臨時職員の仕事だった「貸出」は、読書案内、レファレンス・サービスと一体化されたメインのサービスとして職員に意識されるようになった。

板壁を取り払う作業も、その跡の床にセメントを塗り、カーペットを貼って、書架を配置するのも、天井の手直しも、すべて職員の手作業だった。図書館員はずいぶん器用なのだと、新人の私は驚いたものだ。数日の間に大きなレイアウト変更と資料の移動を全職員の手であっと言う間にやってしまったのだが、あとで思い出してみると、壁を取ってしまう大きな変更も、すべて図書館長の責任により進めていたようだ。二年後には、三階の学習室を廃止して、郷土資料室に変更する模様替えも実施された。

貸出方式、貸出冊数、貸出規則も変わり、予約サービスも始まり、資料整理の内容や方法も変わった。二〜三年の間にめまぐるしくさまざまな改革が実施された。県外各地の図書館を見に行って何か参考になることがあれば、すぐに提案して取り入れていった。貸出方式はそれまではブックカードに利用者の名前を書く方式だったのが、職員になって半年くらいの時期に私が職員会議で提案して、同じ用品で結果的にブラウン式の変形になる方式に変更されたのだが、提案したらその場で採用が決定されてすぐに実行に移された。とにかく早かった。

このあと、貸出数は毎年急激に伸び、一九七〇年度の五万三千冊が五年後の一九七五年度には一〇倍の約五五万点になっている。資料費や職員数はそれに見合うほど増えないので、仕事は当然忙しくなる。そのため、無駄な仕事を見直すことも自然に改革の一部になっていった。サービスの方法の変更は、利用を伸ばすためだったが、同時に職員にとっても効率的にサービスを進めるためでもあった。利用者登録の内容や事務も簡略化され、統計も無駄な項目は廃止して、必要な数値だけを記録するようになった。分類・目録など、整理内容も見直された。

その後も三〇年以上、利用は伸び続けて、職員の仕事は年々確実に忙しくなっていった。職員数や予算は少しずつ伸びたが、利用増にはとても追いつかない。そのためにさまざまな面で仕事の改善・合理化が行われた。当初のような、規定や方式の変更でなくても、絶えず日常的な工夫により仕事の改善に取り組んだし、そうせざるを得ない状況だった。

気がついてみると、年間貸出点数に対する図書館費や職員数の比率は、年々少なくなり、同規模自治体で最小に近い数値になっていた。言い換えれば、いつの間にか、少ない経費、少ない職員数で、サービスの数値はそれなりに高くなっていたのである。


私が退職するしばらく前から、図書館を取り巻く環境は年々厳しくなり、予算の一律何%カットを迫られるようになった。財政課の職員に「資料費は図書館にとって生命線」だと主張してなんとか守り抜いたものの、それでは別のどこかを減らすようにと迫られて、骨と皮だけのように痩せていった項目もあった。

私の退職後、全国的に行革の動きが急激に強くなった。「事業仕分け」などが国でも地方でも実施され、やがて「行革」という事業はそれ自体が目的化されて、図書館も各地で否応なくその波にさらされるようになった。

「行革」のための検証が上から強制されるとき、多くの場合現場には、詳細で膨大な内容の報告が求められる。報告の形式と内容はおおむね一律同じなので、図書館の現場特有の実状が考慮されるわけではない。たとえば業務を個別に分割して、それぞれ平均一日何時間何分を要するかといった報告など、総合的なカウンター業務では回答できるものではない。そのため無理にこじつけた回答をしてしまうと、その数値が一人歩きして、その前提で次回はさらに無理なこじつけや作文が必要となる。書類、会議、調査、書類の手直し、また会議等々。私は詳しい実態を知らないが、漏れ聞こえる話では、およそ役に立たない、生産性のない、疲労ばかりが蓄積するむなしい作業が繰り返されているようなのだ。さまざまな調査や資料づくりのために多くの職員の手が取られ、現場の仕事には打ち込めない。「行革をしないことが最大の行革になる」という図書館員の言葉を私は何度も聞いたが、悲喜劇というほかない。

かつて私は、図書館の業務を改革しつつサービスの大きな向上を実現した時代を経験した。それは図書館で、本来の意味の行革が最大限に実施され、市民サービスもまた、何倍も増大させることができた時期だった。その前提となる条件は明らかだ。職員自らが、自発的な意志で、限られた条件の中で無駄な仕事を見直しながら、できる限りのサービスの向上を目指したのである。

それはまた、職員の意欲を高め、専門職としてのやりがいを高めた。

図書館の行革は、ただ職員や経費を削減するのではなくて、サービスの向上を伴わなければならない。図書館職員の専門性を尊重し、信頼して仕事を任せ、サービス向上に職員が全力で取り組む体制をつくることにより、最大の行革が達成できる。上から一律に強いる行革は、行革のための無駄な作業をいたずらに増やし、職員を萎縮させ、疲弊させる。司書がカウンターで利用者に接することを忘れ、事務室で調査・計画・報告など書類づくりに追われている図書館の話を聞くと、ほんとうに痛ましく思える。

（『風』No.210 2018.10.10）

貸出の減少、言いわけの図書館論議

ある図書館協議会の記録をネットで読んだ。この図書館は何年か前から貸出が減少している。そこで指定管理者制度を導入したが、貸出はさらに減少した。そのことについて委員が質問したところ、事務局は、「市民はスマホに時間を取られているようだ」という意味の説明をして、委員もそれ以上尋ねなかった。職員体制の弱体化と資料費の削減が貸出減少の主な原因であることは、数字を見ればわかるのだが。

「貸出の減少は全国的な傾向です」と答えて済ませている協議会の事例もある。

長年増加を続けてきた全国の公立図書館の貸出冊数（点数）は、二〇一〇年以降停滞し、そして減少へ向かっている。日本だけではない。世界の図書館先進国と言われる国でも、貸出が減少している。しかし、減少の時期や原因は各国によって異なる。

一九七〇年代にはデンマークが、公共図書館の利用度がもっとも高い国と言われていて、国民一人当たりの貸出冊数は一六冊を超えていた。しかし、八〇年代にはすでに数値が少し落ち、近年は図書館数も整理統合により減少し、貸出密度も今では七冊を下回っている。イギリスは一九八〇年代は一一冊を超えていたが、その後は激減を続け、現在では三冊を少し超える程度になってしまった。新自由主義政策の推進と図書館の急激な衰退が時期的に一致している。

フィンランドは二〇〇四年頃に二一冊まで達し、図抜けて世界一だった。現在も一位だが、一五冊くらいまで落ちている。アメリカの貸出の数値は六～七冊くらいで、それほど変化していない。どの国でも、財政、政策、社会構造の変化などが図書館に影響している。スマホなどメディアの影響は最近の特徴だが、それだけで図書館の貸出が急に減少するわけではない。

日本の公立図書館の貸出の数値は『市民の図書館』刊行の一九七〇年頃から目に見えて伸び、その後一貫して上昇、二〇〇九年度には七億冊（都道府県立を含む）を超えた。その後横這い、下降して、最新の数値は七億冊を下回っている。

しかし、貸出下降の原因となる要素は、もっと早い時期に発生し、貸出の数値の変化は何年か遅れて顕在化するものだ。特定の一自治体一図書館の場合でも、たとえばまず資料費が削減され、職員体制が弱体化し、それでも何年かは貸出は上昇を継続しているが、やがて耐えきれなくなって下降し始める事例が多い。資料費や職員問題の背後でほとんどの場合、図書館政策や方針の変化が強く影響している。

全国の公立図書館をめぐる論議は、ちょうど二〇〇〇年頃、大きな動きと変化が起こっている。ビジネス支援など課題解決型図書館や情報化が強く打ち出された。作家や出版界から図書館のベストセラーの複本購入批判の声が高まった。同じ時期に図書館の民営化が始まり、急速に広がっていった。そのような動きは、図書館の貸出サービスへの批判、「無料貸本屋」批判と重なっていた。図書館界では論争が交わされていたが、マスコミの大半はすでに一定の方向へ向かい、世論の形成が進められていった。

二〇〇八年二月九日の朝日新聞のbe reportは、「脱「貸本屋」めざす図書館 ― ビジネス・健康・電子など個性化」という特集レポートを掲載した。小見出しは「外部化で変わる公立」。五つのイラストが「多様化する図書館」という見出し語を取り囲んでいて、その内容は「ビジネス支援」「医療情報」「子育て広場」「電子図書」「地域交流」である。最後に取って付けたように、「安易な手法」批判も」という小見出しがあるが、記事全体は、「民営化によって図書館は多様化するさまざまなサービスを提供できるようになり、脱「貸本屋」を目指している」というストーリーが組み立てられている。

この記事には何もかもが揃っているが、当時、どの新聞の記事も、おおむねこのような方向で、それはすでに世論だった。冷静に実態を見れば、民営化によって「課題解決型図書館」が進んだりはしていないのだが、「従来の直営―無料貸本屋」「これからの図書館―課題解決・情報化」

「民営化—多様な新しいサービス続々」と位置づける方がわかりやすいのである。

このような図式の背景に、「貸出＝単純・簡単な作業でだれでもできる」という考えがあった。貸出はまだ上昇を続けていた。貸出の批判者は、「新しいサービス」を打ち出し、その発言は反面で貸出への意欲をそいできた。「貸出は減少してもよい」とは思わなかっただろうが、前提にはおそらく、「貸出はことさら努力しなくても伸びる」という安易な意識があった。このような動きのなかで、実際にはすでに貸出減少の要素が植え付けられ、根を下ろし、やがてしっかりと根を張って、容易に除けないほど広がろうとしていた。

二〇一〇年代に入って、長年伸び続けた日本の公立図書館の貸出は横這いとなり、減少へ向かい始めた。緩やかな動きに見えるが、何十年にもわたって一貫して成長を続けてきた日本の図書館の貸出の数値が逆方向に動き始めた。後年になって振り返ったとき、二〇一〇年頃は日本の公立図書館の分岐点になっているかもしれないのである。

冒頭の図書館協議会委員の質問は、特に強く意識したものではなくても、一般市民にとってはきわめて自然で素朴な疑問である。「図書館の本の利用が減少している。これでよいのだろうか」。この疑問に図書館はどれほど真剣に向きあっているだろうか。

日本の図書館は長年成長を続けてきたが、国民一人当たりの貸出冊数は未だ六冊にはほど遠い。

各国の図書館の中には、いま下降をたどってはいるが、かつては一〇冊を超えていた国もあるし、現在でも六冊以上の国はいくつもある。日本の図書館にとって、現状は限界でも飽和点でもない。

「スマホのために図書館の本が読まれなくなった」とは、根拠のない言いわけである。一九六〇年代、テレビが爆発的に広がり始めたころ、「テレビの普及で本が読まれなくなる」と解説する評論家がいたという。図書館はまだ貧弱で利用が少なかったが、同じ理由により、言いわけやあきらめに逃げ込んでしまう者もいた。そんな主張に何も根拠がなかったことは、その後、「中小レポート」や日野市立図書館が切り開いた結果をみれば、明らかだった。

貸出を減少させている原因は、なによりもまず、図書館あるいは図書館界の内部にある。図書館はいま何を目指し、何を求めているのか。図書館の本質を見失い、図書館資料を求めている多くの市民の期待に応えることができないまま、あれを追い、これに目を奪われ、目立つこと、マスコミ受けすることに気を取られている。

「貸出・資料提供」は、単に利用者が本を探し、手続きをして貸出することではない。利用者が何を求めているか、何を探しているか、的確につかむのは易しい仕事ではない。尋ねやすい雰囲気や専門職としての信頼感を備えている職員がいつでも応援してくれる図書館が身近にあるだろうか。図書館員は市民に向き合い、貸出にかかわることによって、的確な選書ができるし、棚づくりやフロアづくりの意識も高くなる。すぐれた図書館員は管理職になっても、意識してカウンターで利用者と接している。

貸出サービスを図書館の総合的な業務として位置づけることにより、貸出も資料の利用全体も伸びて、図書館は成長する。強い意志と意欲を持って努力しなければ、貸出は継続的に伸びるものではない。安易な言いわけの言葉を探す暇には、図書館内部の基本的な問題を、いつも検証し続けなければならない。いま各地の図書館の状況は、これとは反対の方向へ向かっているのではないか。

（『風』No.211 2018.11.10）

貸出の減少と経費の推移

『風』No.211「貸出の減少、言いわけの図書館論議」で、それまで伸び続けていた全国の公立図書館の貸出数が二〇一〇年代以降減少に転じていることについて、私見を書いた。

貸出減少の事実は、図書館の関係者ならだれでも知っているだろうが、その事実をどう考えるかは人さまざまで、ほとんど関心を持たない人の方が多いのではないか。私は強い危機感を持っているが、どれほどの人たちに共感してもらえるのか、頼りない気持ちになる。

図3で『日本の図書館』（日本図書館協会）により、日野市立図書館が開館

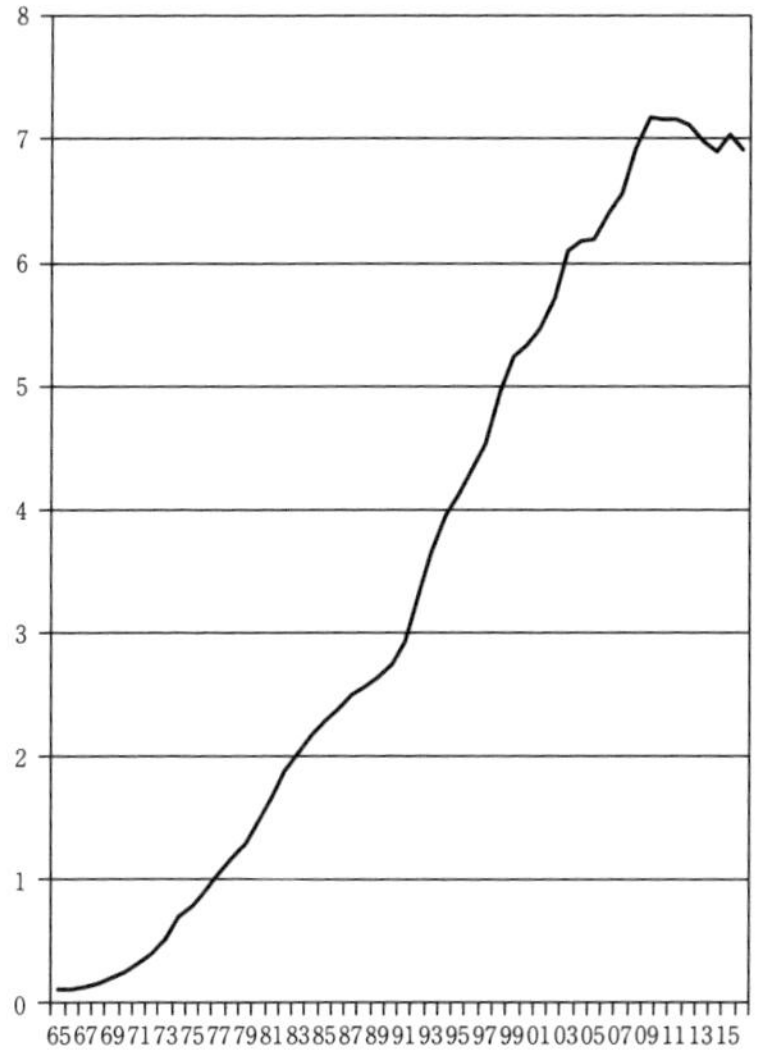

図3　全国公立図書館（県立＋市区町村立）貸出数　1965〜2016（数値訂正版）
（単位：億点）

した一九六五年度から二〇一六年度まで五一年の全国の公立図書館(県立＋市区町村立)の貸出数の推移を、億の単位でグラフ化した。『日本の図書館』には明らかな誤りもあり、気づいた数値は訂正した。

一九六五年度以降二〇〇九年度まで四〇数年、貸出数は一貫して伸び続け、減少した年はただの一度もなかった。二〇〇九年度も前年度より二五〇〇万点以上の増加だった。それが二〇一〇年度、急に伸びが止まって横這いになり、その後さらに減少に転じた。図書館の新設は少なくなってはいたが、それでも図書館数は増えていた。それ以上に、既存の図書館の貸出が減少したのである。

日本の図書館の状況にこれほど急激な逆方向への変化が起こっていて、統計数値で明確に表現されているのに、関心を持つ人は少ない。減少が始まって七年になるが、その間、図書館関係の雑誌などで、貸出減少の問題を正面から取り上げた論文やレポートは見かけない。

『風』(No.211)に対しても、反応はなかった。私は二〇〇〇年頃からの動きが二〇一〇年以降の貸出減少に関連していると指摘したが、まだ貸出が伸びている時期からすでに、貸出あるいは資料提供について、図書館サービスの根幹的なテーマとする論議自体がすでになくなっていた。貸出が減少してもたいしたことではないのだろうか。現在の状況では、貸出がさらに減ることはあっても、回復し成長するのは難しく思える。

図4で二〇〇〇、二〇〇五、二〇一〇、二〇一五の五年ごとの各年度に二〇一六と二〇一七の一年ごとの年度を加え（②貸出点数は二〇一六のみ）、全国の公立図書館（県立＋市区町村立）の合計数値の推移をグラフ化した。①図書館数は増加率は鈍っているが数は確実に増えている。②貸出点数は二〇一〇年度以降、減少に転じている。

③専任職員数はすでに二〇〇〇年度以降激減を続け、二〇〇〇年度と二〇一七年度の比で三七％減になっている。代わりに、④非正規職員と委託・派遣職員が大幅に増え続け、合計の職員数は五九％増である。二〇〇〇年度の全職員数中の専任と非正規の割合は六一％と三九％だった。二〇一七年度には二六％と四三％、それに委託・派遣が三一％で、専任は四分の一まで落ちてしまった。そのうえに実は、『日本の図書館』の職員数の数値には大きな誤りがあり、たとえば広島市はすべての図書館が指定管理なのに、全員が直営の職員として報告されている。京都市や武蔵野プレイスなども同じで、全職員が直営として報告されていて、同様の事例が他にもある。実態として、専任職員の割合は二五％を相当割り込み、逆に委託・派遣職員はすでに三分の一を超えているのは確実である。

⑤資料費は特に二〇一〇年度に大きく落ち込み、その後も少しずつ減少している。⑥図書館総経費は人件費を含む経費。『日本の図書館』では専任職員の人件費を除いた経費が「図書館費」として報告されているので、全国一律に専任職員の推定平均人件費に専任職員数を乗じて「図書

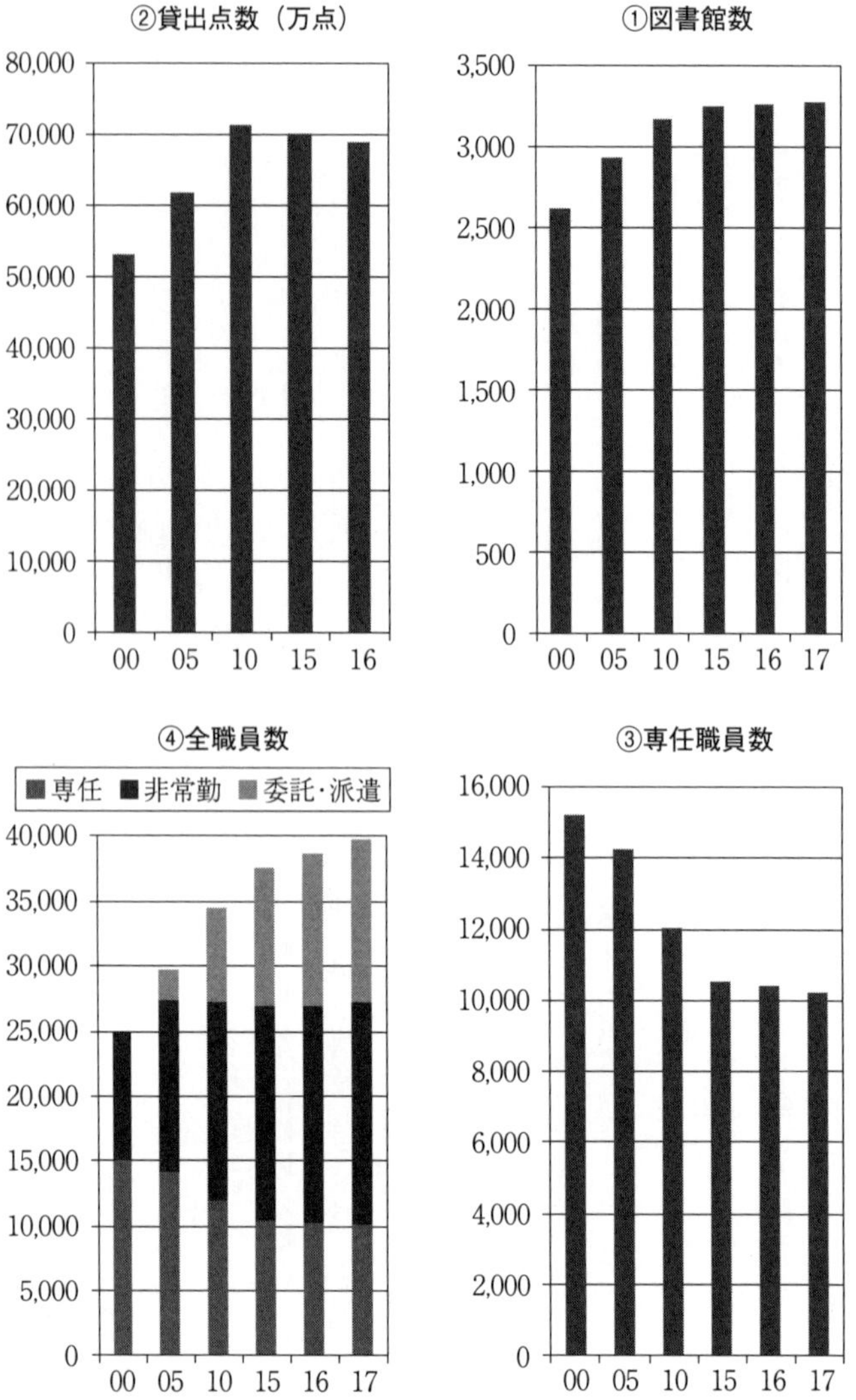

図4　2000年度〜2015年度（５年毎）＋2016，2017年度の数値

⑤資料費（億円）

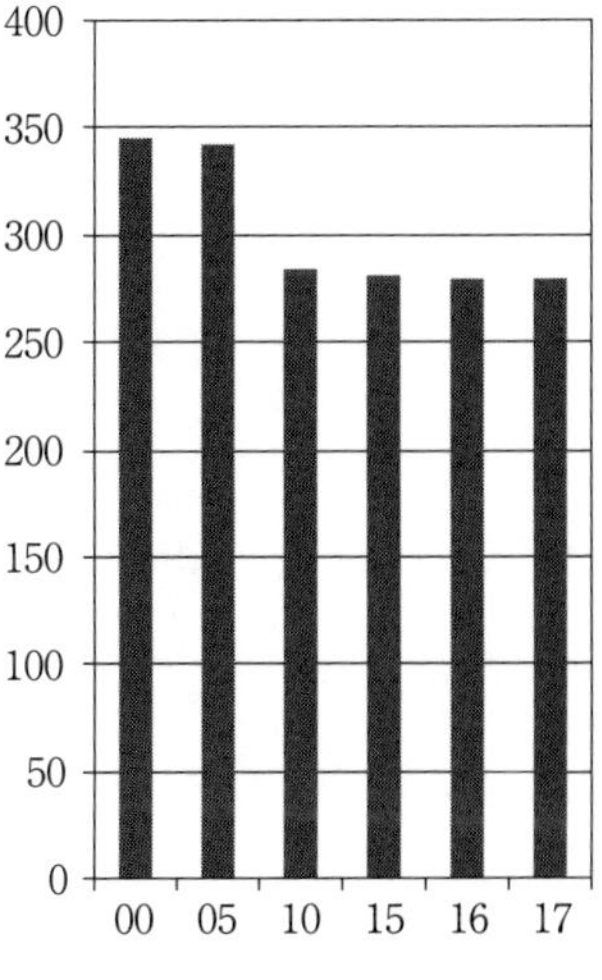

⑥図書館総経費（億円）

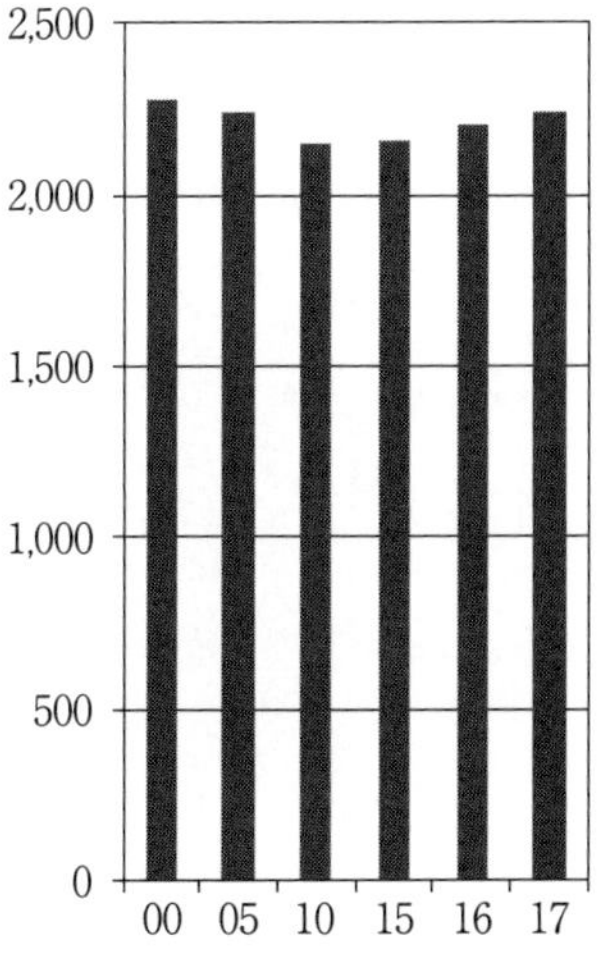

館費」に加え、これを推定図書館総経費とした。この数値の動きに注目したい。二〇一〇年度まで少し下がっているのに、それ以降は逆に増加して、二〇一七年度には二〇〇五年度のレベルに近い数値に達している。

以上をまとめる。二〇〇〇年以降、まず専任職員が激減した。代わりに非正規職員が増え、さらに指定管理が進んで委託・派遣職員が急激に増加した。資料費も二〇〇五年以降、大幅に削減された。そんな状況の結果として、図書館数は増えているのに、貸出点数が二〇一〇年頃から下降に転じた。しかし、総経費だけは一時は減った後、二〇一〇年以降はむしろ増えている。

常識的に考えれば、人件費が高い専任職員が減り、資料費も減り、貸出も減ったのであれば、総経費も減りそうなものだが、そうなっていない。では何に経費が使われているのか。

指定管理など民営化の拡大、目新しさを売りにした設備・機器・システム、施設の大規模化・複合化など、最近の潮流は無駄な経費を増加させ、その一方で、資料提供サービスの向上はもたらされず、かえって図書館の基盤を弱体化させている。貸出減少の原因は財政難のためではない。図書館の基本と原点を見失わず、何よりも職員体制と資料費の充実を求めてほしい。

（『風』No.213 2019.1.10）

統計をめぐる騒動　図書館も他人事ではない

厚労省の「毎月勤労統計調査」についての統計不正が騒動になっている。腹が立つが、統計については図書館も他人事ではない。私は何年も前からあれこれ言い続けてきたが、この機会に、図書館でも統計に関心を向けてほしいものだ。

マスコミは、公文書や統計について、公務員の意識の劣化を指摘している。その通りであろう。しかしマスコミも、図書館報道では多くの場合、統計についての理解や分析はお粗末で底が浅い。行政側や指定管理者が一方的に発表する数字を鵜呑みにして、検証もしないで報道する（近刊の『出版ニュース』二月下旬号でその一端を書いた）。劣化しているのは公務員の意識だけではない。マスコミも社会全般も、面白みのない「事実」よりも、浮ついた話題性に目を向けようとする。

統計は事実を知るのが目的なので、第一に正確であること、そして、同種・同項目間あるいは経年の比較のため、長年にわたって一貫して同じ基準と方法で調査されることが必須の要件となる。しかし、図書館統計ではどうか。

三年半ほど前、私は『談論風発』vol.10 No.1 (2015.7.30) で、日本図書館協会による『日本の図書館』の統計には毎年のように相当大きな誤りがあると具体的に指摘し、改善のための提案もした。この一文は『図書館の基本を求めてⅧ』（大学教育出版　2016.12）に収録して刊行した。しかし、図書館協会からはまったく反応がなかった。購読の図書館関係者からも、意見も感想も批判も疑問の声もないので、拍子抜けがした。統計に関心を持つ人は少ない。しかし、統計の不正確を指摘して何も反応がないと、これでよいのかと腑に落ちない気持ちになる。

もう一つ、いま図書館統計には、別の大きな問題がある。もともと統計として比較の対象にしにくい項目、あるいはカウント方法として正確性に欠ける数値を、過大にアピールする図書館が増えてきたのである。その数値とは来館者数のことで、この手法は指定管理の図書館で特に目立っている。

二〇〇七年五月に開館した千代田区立千代田図書館について、猪谷千香氏は『つながる図書館』で、「これまでにない図書館」「指定管理者制度の成功例」と絶賛し、その裏付けとして、最初の一年で来館者が百万人を突破したと紹介している。この来館者数は、千代田図書館リニューアルの責任者だった柳与志夫氏も著書で強調し、マスコミも繰り返し報道した。

私は二〇〇七年九月に千代田図書館を見学したが、当時月間一〇万人・年間予想百万人と公表されていた来館者数が大幅に水増しされた数字であることを確認して、『風』No.77（2017.9.20）に書いた（のちに『図書館の基本を求めてⅢ』に収録）。千代田図書館は区庁舎の建物の九、一

○階なのだが、エレベーターを降りたら直接そこが図書館フロアで、BDSもない。どこで来館者をカウントしているのか職員に尋ねると、図5のエレベーターを降りた通路の両端二か所の※の壁にセンサーがあり、これでカウントしているという返事だった。つまり来館・退館でなくても、通路を通ればすべて来館者としてカウントする仕組みなのである。

観察してみると、来館者以外にその二倍以上の数の人たちが通路を通り抜けていた。これでは実際の来館者数は公表の数字の三分の一になってしまう。案内の職員にそのことを指摘すると、職員は首を傾げて、「言われてみればその通りですね。でも来館者数というのはそんな正確な数ではないですから」と笑っていた。私は来館者が百万人を超える岡山県立図書館の様子を見慣れていたので、千代田図書館の館内を見ただけで、百万という数値はあり得ないのがわかったが、千代田図書館はその後もこの方法でカウントした来館者数を発表し続け、図書館関係者もマスコミも、誤りを指摘していない。

それにしても、これが「統計」なのだろうか。

二〇一三年四月に武雄市図書館が改修オープンした。ここ

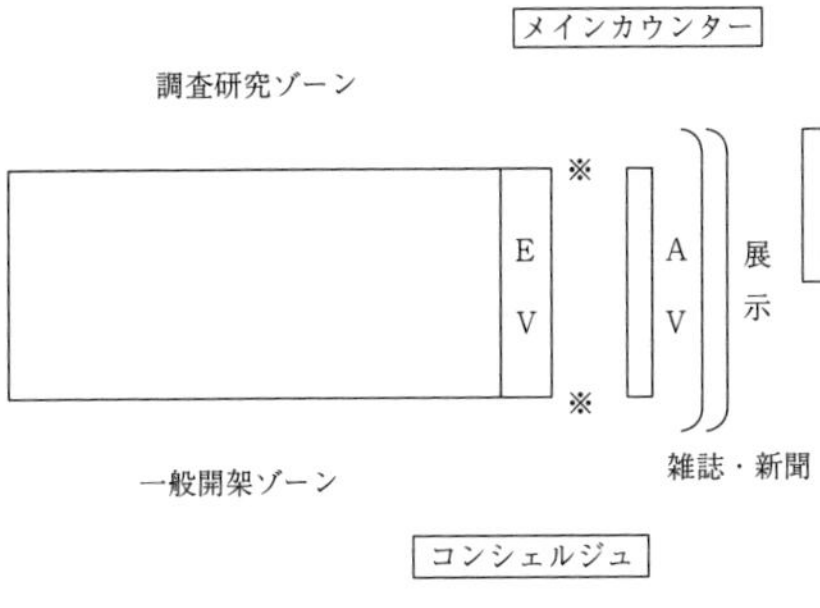

図5　千代田図書館フロア図

でも最大の話題を読んだ統計数値は来館者数だった。この図書館来館者数が、蔦屋書店とスターバックスを含む複合施設全体の来館者数であり、図書館よりも商業施設の方がはるかに賑わっていたことは明らかだったが、武雄市は図書館来館者数として発表し、マスコミもそのまま報道した。その後の四つのツタヤ図書館もすべて同じで、図書館以外の商業施設には、蔦屋書店とスターバックスのほか、レストラン、コンビニ、観光案内所、通り抜け通路などがあり、さまざまな要素が「図書館来館者」を増やす仕組みになっている。

大和市の「シリウス」は図書館を中心に、ホール、生涯学習施設、こどもの遊び場などがある巨大な複合施設だが、来館者数が一年間で三〇〇万人を超えたとして、「日本一の図書館の街大和市」という横断幕を高速道路の陸橋に掲げた。しかし、図書館の貸出人数は来館者数の十分の一以下で、九割以上の来館者は貸出利用者ではない。

「来館者数」は『日本の図書館』では調査項目にもないのだが、いま図書館の統計数値で強調されるのは、貸出数ではなくて来館者数なのである。カウントの基準も方法も曖昧なまま、実質のない数値が図書館評価の柱であるかのように発表され、マスコミも疑うことなく報道している。

図書館への指定管理者制度導入について、私はサービス統計と予算の面から検証を進めている。満足度調査や感覚的な評価ではなくて、数字で正確に実態を知って分析し、判断しなければならないと考えている。しかし、統計による調査はまだ十分ではない。自治体もマスコミも、統計分析によって指定管理の是非を評価・判断することはほとんどしていない。実は直営の図書館においても、統計を重要な判断要素にする意識は希薄になっているのだが、指定管理では特に、住民への情報公開にきわめて後ろ向きである。図書館に最近の貸出実績の数値を訊いても、ほとんどの場合、答えてくれない。まして予算の内容など、住民は知ることもできない。

年報や要覧を出していない図書館がある。それも、全国的に話題になり、マスコミにも何度も取り上げられているのに、その内容は一方的・自賛的な発表やPRばかり、『日本の図書館』以上の実態を数字で知りたいと思っても、詳しい状況がほとんど掴めない（直営にもそんな図書館がある）。このまま五年、一〇年が経つと、サービス実績の経緯の分析など不可能になる。たとえば数年前の年間貸出数が、その年だけ突然増加したり、逆に極端に少なかったりする事例がある。サービスの規定が変わったのか、長期の休館があったのか、年報・要覧が出ていないと、そんな単純なことすら掴めず、図書館に尋ねても「よくわからない」という返事が返ってきたりする。

「統計不正」つまり意図的な統計数値の操作も、ときどき耳にする。確証がない限りは表面化しないものだが、外から見て不自然に思える数値の動きにときどき気がつく。そんな疑いや疑問が生じないよう、年報・要覧で統計の変化については理由を説明し、指定管理の図書館では、場合によっては抜き打ちによるコンピュータの詳細データとの照合・調査も必要だと思うことがある。図書館統計への信頼も職員の意識も、未だ十分とはとても言えないのが現状だ。

（『風』No.214 2019.2.10）

マスコミの図書館報道を検証する

二〇一八年八月六日の毎日新聞「教育の窓」欄に、「図書館民間委託　悩む自治体」という署名入り記事が出ている。茨城県守谷市で、指定管理者制度を二〇一六年度から導入していた図書館を、二〇一九年度から直営に戻す方針を決めたことを紹介し、委託業務を限定した土浦市立図書館の考え方を対比させた内容である。これに加えて、公立図書館の民営化をめぐる全国の動きを解説し、最後に糸賀雅児慶応大名誉教授がコメントしている。

一　「数字は伸びた」というTRCの反論

この記事のメインのテーマは、守谷市が、図書館流通センター（TRC）による図書館の指定管理に問題があったとして、直営に戻すことを決めた経緯と理由なのだが、それに対するTRCの反論も紹介している。

TRCの石井社長は「数字は伸びた」と反論する。中央図書館の年間利用者数は一五年度の二一万九二七三人から一七年度には三〇万一八三人と八万人以上も増加した。石井社長は取材に「安いコストで良質なサービスを実現できるなら民間に任せるべきだ」と主張した。

守谷市の方針決定の経緯とTRCの反論が掲載されているのだが、論評はなくて、「悩む自治体」と、問題を投げかけている。読者の立場では、問題を掘り下げる手前で筆を止めたかのようで、もう少し取材を深めてほしかったという印象があとに残る。

TRCの主張のとおり、数字は伸びている。記事の「年間利用者数」とは来館者数のことで、三七％増になる。年間貸出数は一五年度が約八五・三万点、一七年度は九八・六万点で、来館者数ほどの比ではないが、一五・六％伸びている。開館時間の延長と開館日数の増加により、総開館時間数が四〇％くらい増えたのが、直接的な要因であろう。

TRCが指定管理して、開館時間を増やし、来館者数や貸出数が増加した図書館の事例は他にもある。しかし、実はほとんどのケースで、利用の伸びは一時的でせいぜい二～四年まで、そのあと下降し始めている。たとえば神戸市では二〇〇八年度から区の図書館を順次指定管理化していったが、その最初の年にTRCが指定管理した三つの図書館の年間貸出数の推移を直営最終の二〇〇七年度から二〇一七年度までグラフ化した（図6）。いずれの図書館も指定管理に伴って、開館時間を二時間延ばし、祝日も開館した。当初、貸出は三館とも大幅に伸びた。しかし、西図書館は四年、灘図書館は二年、垂水図書館は三年の間、貸出が伸びたあと、下降に転じた。二〇一七年度は、直営時の二〇〇七年度との比で、西一％増、灘七％減、垂水四％減である。このような推移は神戸市の他の図書館にも、全国各地の指定管理の図書館にも、おおむね共通している。直営の図書館でも、開館時間を増やして一時伸びた貸出が、数年のうちに逆戻りしたり、以前よりも下降したりしている。その意味で、「数字は伸びた」という発言は、三年くらいは事実として通用しても、視野を広げて検証すると、必ずしも事実を語ってはいない。

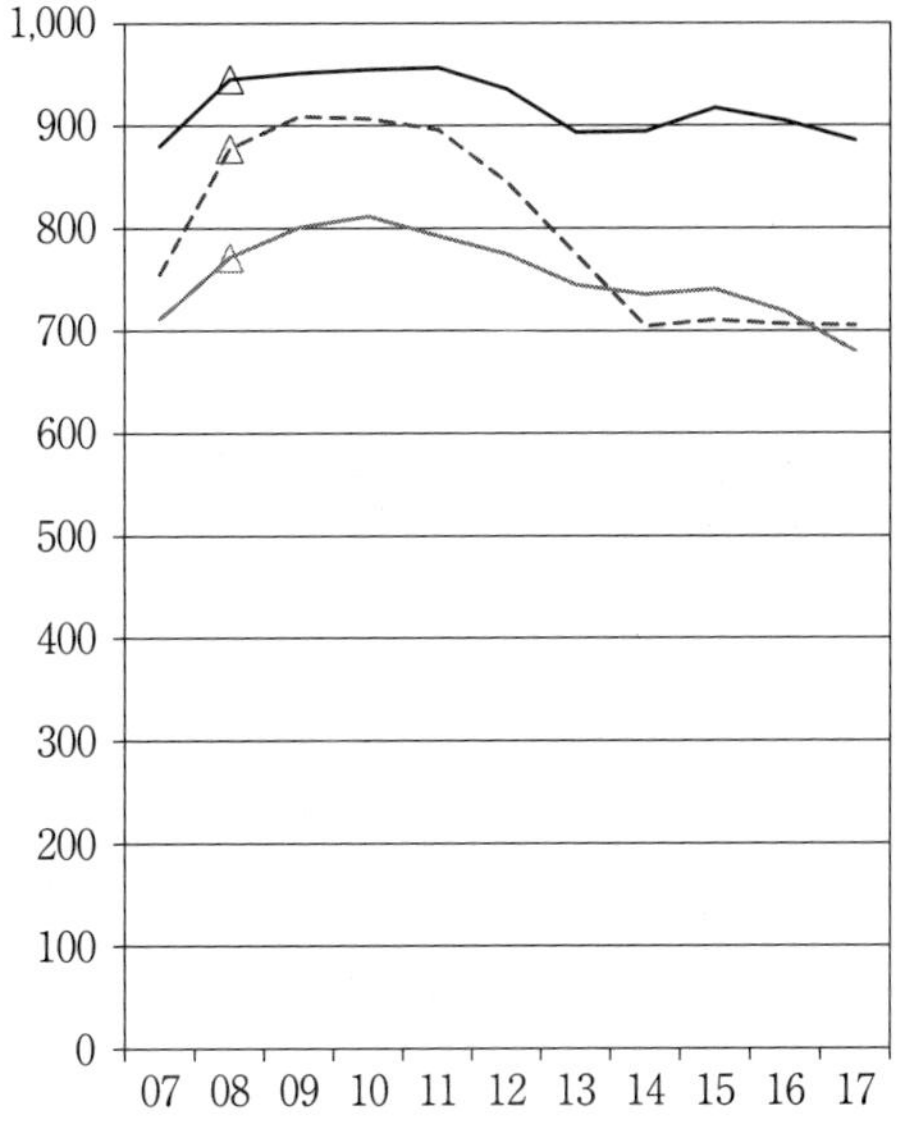

図６　神戸市立図書館３館の年間貸出数（単位：千点）

二　「安いコストで良質なサービスを実現」できているか

開館時間・開館日数を増やそうとすれば、交代制勤務の比率が高くなる。それだけ給与の低いパート的な職員を増やして対応しようとする。開館時間の増加自体は、利用者の立場ではだれもが歓迎するから、一時的・表面的に、満足度は高くなる。しかし、職員体制は弱体化し、目に見えず意識しにくいが、サービスの質や密度は薄まる。一時的に期待した利用者はやがて失望し、いつの間にか図書館から離れていく。

開館時間に限らず、指定管理者制度の問題は何よりも、職員体制の弱体化につきる。館長とチーフ級職員以外の大多数は、給与が低くて経験の浅い非正規的職員で、長年の経験や専門的な知識の蓄積がない。石井社長は「良質なサービス」が実現できると語っているが、図書館の業務はそれほどまでに単純で、誰でもできると考えているのか。私はＴＲＣの図書館のレファレンス担当職員に、地域・郷土資料について質問したことが何度かある。たとえば当図書館にかかわる行政資料などについてだが、予算書すら知らない、あまりに稚拙な対応に、ほとんどの場合あきらめるほかなかった。しかし、もっと頻繁に目にするのは、レファレンスよりもありふれている日常的な資料案内である。たとえば、

① フロアで書架の間を行き来しながら本を探している利用者がいた。職員が配架をしていたが、ただ黙々と配架するだけで、利用者の様子など見ていない。配架以外の余計な応対はしない、あるいは、してはならないのかもしれない。利用者はだれにも尋ねないまま、帰っていった。分業化のためか、職員は決まった仕事しかしていない。

②　カウンターで利用者が、チーフかサブチーフらしい職員にプリントアウトした用紙を見せ、資料の所在を聞いていた。職員はパソコンをたたいて確認し、カウンターから見えている壁面の書架を指して、「あの棚で、著者の名前順になっています」と答えていた。エッセイの棚なので何連もある。利用者は、その棚の前で本を探していたが、見つけることができず、あきらめて別の本を選んだ様子だった。職員が棚まで足を運んで一緒に探したら簡単に見つかったかもしれないが、職員は気にかけてもいなかった。目的の本が棚にあっても、慣れない利用者はなかなか探せないものだ。

③　同じようなケースで職員は、今回は書架まで高校生を案内し、プリントアウトされた本を探して、「この本です」と大活字本の棚の本を手渡し、カウンターへ戻った。高校生はしばらくの間、怪訝な表情でページをめくっていたが、そのまま棚に返して帰っていった。資料の検索をするとき、利用者は画面に出てくる同じ内容の本をよく見比べたうえでもっとも適切な本を請求するとは限らない。図書館を使い慣れない人ほど、最初に出てくる本を選んだりする。高校生が大活字本を請求したら、ほかに同じ本の単行本や文庫本があるが、この本でよいですかと訊かなければならないが、職員はせっかく書架まで案内しながら、それを怠った。

以上の三例は直営の図書館でも起こりうるし、指定管理でも別の図書館では的確に対応しているかもしれない。しかし、指定管理の、それも一定の規模と実績がある図書館で、特にこのような応対が目立つのである。それればかりか、貸出・返却・予約サービスの自動化により、利用者と職員の接点が失われ、気軽に、自然に職員に声をかける機会そのものが、失われようとしている。上記のような資料案内の事例はありふれて些細なだけに、的確に受けとめる図書館では、日常的に数多くあり、内容もさまざまである。簡単に改善できると思えるかもしれないが、口で教えて次から的確に対応できるわけではない。日常のカウンター業務のなかで、ベテランの職員から経験の浅い職員へ、実際の仕事を通して日常的に伝えていくことにより、図書館全体としての応対の姿勢が身につくものなのだが、指定管理の図書館では、長年の継続の中で職員を育てるゆとりがない。明るく元気な応対をすれば目立つので、それで利用者満足度の数値は一応高くなるが、本質的な面では職員体制は弱体化し、やがて信頼を失い、利用者は図書館から離れて、数年のうちに利用は落ちていく。

「安いコスト」も、調べてみると実際には経費は増えているケースが多い。図書館費を比べるだけでは正確な比較にはならない。指定管理者が直営時の図書館のすべての業務を引き継ぐことはできない。指定管理により、新たに教育委員会などに発生する業務もあるので、図書館費以外のこの経費（私は隠れ図書館費と呼んでいる）をプラスして比較しなければならない。経費はむしろ増えているのである。

結局多くの場合、数年後の数字では、ＴＲＣの主張とは逆に、「コストは高くなり、サービスは伸びていない」という結果を招いている。ＴＲＣが「利用が伸びた」とマスコミに派手にＰＲするのは当初だけで、利用が落ちると何も語らず、新たに獲得した指定管理の図書館にマスコミの目を移そうとする。

ＴＲＣは「数は伸びた」ことを評価の理由としている。では数が落ちている図書館の事例について、どうコメントするのか。毎日新聞がもう少し取材の範囲を広げ、深めていたなら、社長のコメントの「事実」とは逆の事実があることに気づいていただろう。たとえば守谷市の少し北の栃木県高根沢町の図書館は、直営の時期に人口当たりの貸出数が栃木県でトップの高い水準の利用を維持してきたが、二〇一〇年度に分館を含めて全館ＴＲＣの指定管理となり、三年目から図7のとおり、急減に利用が落ち込んだ。二〇一六年度は直営時の二〇〇九年度との比で三四％減と「数は減った」。「良質な

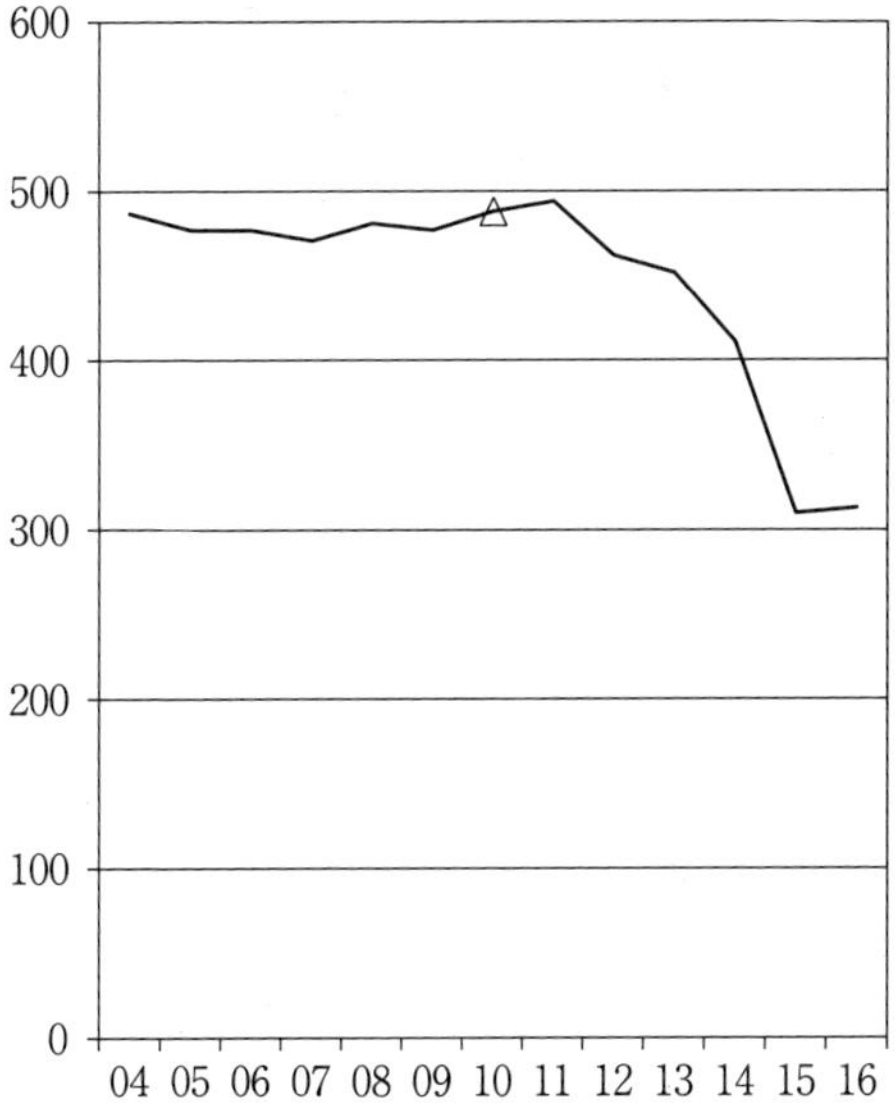

図7　高根沢町図書館年間貸出数（単位：千点）

サービス」は実現できていないのに、コメントでは、まるでTRCは常に数を伸ばし、「安いコストで良質なサービスを実現」してきたかのようなプラスのイメージだけを印象づけている。

三 「ツタヤ図書館」についての通り一遍の解説、

メインの記事に続いて後半で、図書館の指定管理について、次のように解説されている。

一三年四月にオープンした佐賀県の武雄市図書館はレンタル大手「TSUTAYA」を展開するカルチュア・コンビニエンス・クラブ（CCC）に運営を委託。書店スペースや大手チェーンのカフェを併設し、貸し出しにカードのポイントを付与するなど新たな手法で注目を集め、初年度は約九二万人が訪れた。

しかし、一〇年前の資格試験対策本など不適切と思われる本の購入が問題となった。

CCCが運営する宮城県多賀城市や岡山県高梁市の図書館は来館者が目標を大きく上回り好評だ。一方、愛知県小牧市では反対運動が起き、住民投票で計画が白紙になった。

メインの記事の付け足しとも取れる、通り一遍の平凡で特色のない解説である。読み過ごしてしまいがちだが、このような解説にはいつも疑問を感じてきたので、何か所か取り上げてみる。

（1）「初年度は約九二万人が訪れた」

武雄市図書館の来館者数は図書館、蔦屋書店、スターバックスで構成される施設全体の来館者数で、図書館の来館者数ではない。図書館資料の貸出者数は一六・八万人で、来館者数の一八％であり、八〇％以上は貸出を受けていない。商業スペースの利用の方がはるかに多くて、図書館はむしろ蔦屋書店を引き立てる役回りだったが、九二万人という数字は一人歩きして、未だに「ツタヤ図書館」のPRに役立っている。

図８は武雄市図書館の年間貸出数の推移のグラフである。二〇一七年一〇月一日に武雄市図書館の隣にこども図書館が開館した。二〇一七年度は本館だけとこども図書館をプラスした数値に分岐させた。本館のみの貸出数は五年目ですでに、改修前の旧図書館の数値を下回っているのがわかる。また、

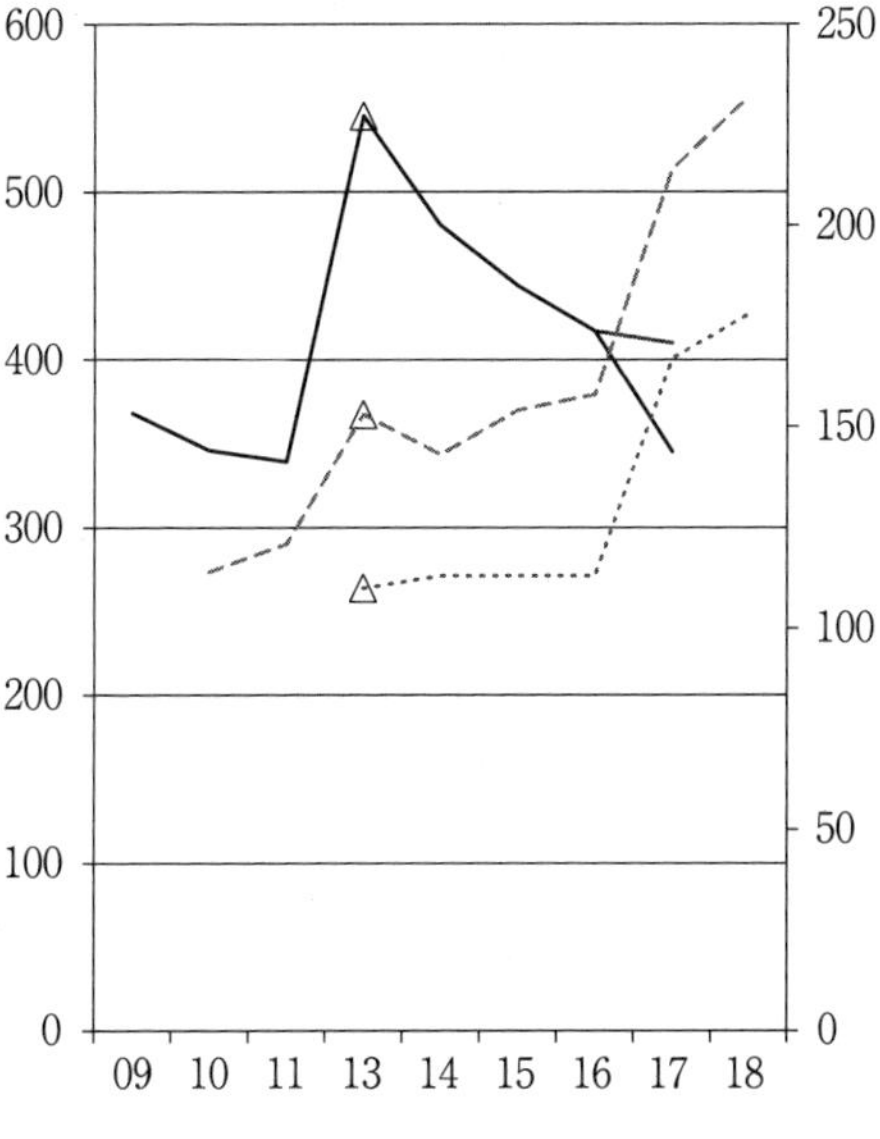

図８　武雄市図書館年間貸出数（千点）左軸
図書館費、指定管理料（百万円）点線－右軸

点線は指定管理料（下）と図書館費（上）の推移である。貸出点数はこども図書館をプラスした数値でもすでに旧図書館のレベル近くまで落ちているが、その一方、指定管理料と図書館費は大きく跳ね上がっている。

「ツタヤ図書館」改修前、当時の市長は、来館者と貸出数は大幅に増えて、経費は直営時よりも削減できるとPRしていた。実際には図書館費は当初から旧図書館の年度を上回っていたが、こども図書館の建設により、貸出数は旧図書館時代に近い数値まで落ち込みながら、経費だけは大幅に上昇しているのがわかる。マスコミはこの事実を指摘しないで、当初のにぎわいだけに注目し、未だに繰りかえし報道している。

（2）「一〇年前の資格試験対策本など不適切と思われる本の購入が問題となった」

武雄市図書館の「斬新なデザイン」や「にぎわいの創出」は今もなお賞賛される一方、問題点として指摘されるのは常に上記の「不適切な古書の購入」である。新聞が武雄市図書館について言及するとき、どの新聞もワンパターンでこの対比を繰りかえしてきた。そのため、「ツタヤ図書館」の問題点は「不適切な本の購入」だけに限られているかのようなイメージがつくられ、その後の新たな「ツタヤ図書館」計画でも、「購入資料の内容は教育委員会が必ずチェックします」と約束すれば、問題は解消されるかのような誤解も生じている。教育委員会がチェックして適切な資料収集ができるのなら、図書館に専門職は不要である。むしろ教育委員会が図書館の資料選択をチェックすること自体が問題だ。資料選択は、図書館にとってもっとも重要なテーマの一つであり、現場の司書や研究者の間で、長年にわたって論議されてきた。しかし「ツタヤ図書館」報道では、「不適切な古書の購入」ばかりが話題になって資料選択の問題が矮小化され、かえってそれ以外の資料収集のあり方には目が向けられない。まして、資料収集以外の問題点はほとんど掘り下げられず、型にはまった報道の陰で、かえって、もっと大きな問題が見過ごされている。

（3）「宮城県多賀城市や岡山県高梁市の図書館は来館者が目標を大きく上回り好評だ」

高梁市の場合、年間来館者目標は二〇万人だったが、開館一年の来館者は約六五万人だったから、確かに目標は上回った。一方、年間貸出冊数の目標は三二万冊だったが、現実の数値は一八・三万冊で二〇万冊にも達しなかった。目標そのものがずいぶんチグハグで、もともと目標設定の確かな根拠はなかった。仮に貸出人数が冊数の三分の一（一人一回平均三冊借りる）と予想すると六・一万人なので、六五万人の来館者のうち、一〇％の人しか図書館の本を借りていない。武雄市よりもさらに実図書館利用者の割合が少なくて、九〇％以上の来館者は本を借りない人たちなのである。これで施設全体を「図書館」と呼べるだろうか。

高梁市図書館はJR高梁駅に直結した施設で一階はバスセンター、二階から四階が「図書館」

とされている。しかし、武雄市図書館と同じで、実際にはメインの二階は大部分が蔦屋書店とスターバックス、それに観光案内所が同居している。観光客は観光案内パンフレットをもらうときや帰りに土産物を買うとき、駅を利用する人は時間待ちで一休みするとき、嫌でも図書館来館者になるが、図書館資料は利用していない。座席を利用している人の多くは、持ち込みの自習をする生徒・学生と、蔦屋書店の雑誌などを読んでいる人たちで、図書館資料の利用者とはいえない。このような「図書館来館者」という統計は図書館利用の実態とかけ離れているのだが、数字は一人歩きする。記事は「ツタヤ図書館」＝「にぎわいのある図書館」のイメージを膨らませ、にぎわいの中身についての問題意識はない。

四　平凡な報道がいつのまにか世論をつくる

引用した「ツタヤ図書館」についての解説は、平凡で、ほとんど特色がなくて、いかにも付け足しという通り一遍の内容である。このような解説を付け加える記事の構成は、どの新聞にも共通した一つのパターンで、それだけに、多くの新聞紙上で何度も何度も繰りかえされ、多くの読者の目にふれてきた。そして、このような平凡な記事が、いつの間にか、特定のイメージをつくり、世論の形成に大きな影響を及ぼしてきた。

報道の内容自体は間違いではないが、少し下がって視野を広げると、別の実態が見えてくる。

全体を見れば、報道された一面が実態の本質を代表していないのがわかってくる。ある一面だけをつまみ上げ、目立たせて、それをさらに別のメディアがほとんど同じ内容で報道し、その繰りかえしが重なると、いつの間にかそれは世間の常識になり、「世論」になっていく。「ツタヤ図書館」は斬新なデザインとにぎわいの創出が高く評価されたが、資料収集には問題があった、という型にはまったイメージだけが定説のようにあとに残り、本質的な問題が見逃されて、論議もされなくなる。

図書館民営化について、マスコミは当初から肯定的に取り上げ、積極的に評価してきた。「続々新サービス」などの見出しで、シリーズで民営化の動きを報道した新聞はいくつかある。その内容は多くはイベント、そしてサービス自動化等の設備・機器。さらに、電子書籍、育児コンシェルジュなど、要は目新しく見える試みである。当然だがどれも経費の増加を伴うのだが、実際にサービス効果があるのか、費用対効果の観点で意義があるのか、民営化しなければ実施できないのかなどは検証しないで、「民間だからできた」と報道したり、指定管理者や行政側の説明をそのまま垂れ流したりする。

朝日新聞は図書館の民営化について、従来から推進の立場で大型の報道を繰りかえしてきた新聞なので、一つだけ、二〇〇九年六月一日一面トップの「図書館 広がる民間参入」という大見出しの記事を例に挙げる。小見出しは、「公立の六館に一館　新サービス続々」。そのモデルとして大きく紹介されているのが二〇〇七年一二月に開館した東京都府中市立中央図書館。情報技術を駆使した大規模図書館で、一一か月で来館者一〇〇万人突破は首都圏の公立図書館では最短の記録と紹介され、さらに、「ＩＴ（情報技術）を駆使しようというアイデアは、一部業務の受託まで含めれば今や約一九〇カ所を運営する最大手の図書館流通センターがもたらした。設計から加わり、運営受託する」とＴＲＣを賞賛している。

この府中市立中央図書館の二〇〇八年度から二〇一七年度までの年間貸出数を図９でグラフ化した。利用は毎年真っ直ぐに三二％も落ち込んでいる。あれほど賞賛したＴＲＣ受託の図書館のその後を、朝日新聞はどう評価しているのか。実は新設・開館当初からＴＲＣが指定管理・運営受託している図書館では、府中市と同じように、開館して何年も経たないうちに、利用が年々大幅に落ち込んでいる

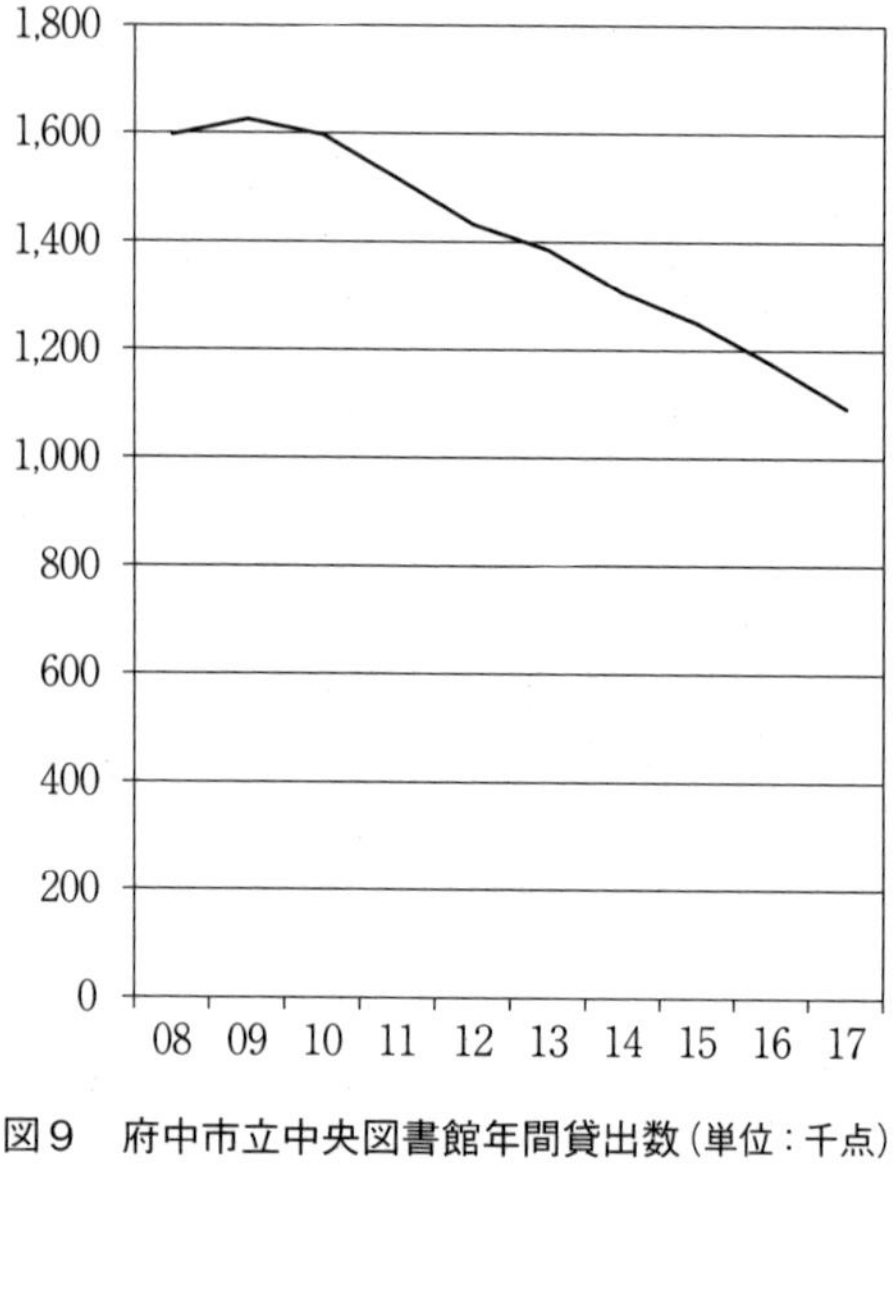

図９　府中市立中央図書館年間貸出数（単位：千点）

図書館が驚くほど多い。このことをマスコミは把握しているだろうか。

本稿では大部分を毎日新聞の一つの記事について検証し、最後に朝日新聞の記事を取り上げたが、ほかの全国紙も、各地の地方紙も、図書館民営化についての報道はおおむね同様である。毎日新聞の記事は指定管理を直営に戻した事例についてで、その点では指定管理者制度を礼賛する報道が多い中で、注目した記事だった。その記事でさえ、もう少し取材を深めてもらえたなら、と思う個所があったために、検証の対象とさせていただいたことをお断りしたい。

【参考】

本稿に関連して、今までに私がより詳しく執筆・報告した文献を参考に挙げる。

「虚像の民営化「ツタヤ図書館」」『世界』2015.12
「民営化は図書館を発展させていない―ほどほどの図書館」への過大評価」『図書館の基本を求めてⅧ』大学教育出版　2016
「データで見る図書館民営化の実態―経費は削減されていない」『図書館の基本を求めてⅨ』大学教育出版　2018
『図書館界』Vol.71 No.6 (2019.3)（日本図書館研究会）2018年度図書館学セミナー「図書館における指定管理者制度の現状と今後」記録から、田井の報告

（『出版ニュース』二〇一九年二月下旬号）

『出版ニュース』への投稿をふりかえる

『出版ニュース』が今年の三月下旬号で休刊し、七〇年近い歴史を閉じる。『出版年鑑』など出版社としての活動も終了する。ほんとうに残念と言うほかない。

『出版ニュース』には今まで八回、原稿を掲載していただいた。そのうちの三回は「出版と図書館」について、つまり「図書館が無料で大量の本を貸し出すために本が売れなくなっている」という作家・出版者からの批判に対して、図書館の立場から反論し、図書館の発展は出版文化の発展にとっても望ましいという考えを提示した内容である。

図書館のベストセラー複本購入などをめぐる作家・出版者からの批判は、最初二〇〇〇年頃に始まって大きな論議になり、数年の間続いた。このとき芥川賞作家三田誠広氏は日本文藝家協会常務理事として図書館批判の中心となり、『図書館への私の提言』（勁草書房　2003）でその考えを強く打ち出した。私は『三角点』に「『図書館への私の提言』への提言」という反論を書いたが、それが出版ニュース社の清田義昭代表の目にとまり、『出版ニュース』二〇〇三年一一月下旬号に転載してくださった。

私としては相当力を込めて書いた反論だったが、できれば三田氏ご本人に読んでほしいと思っていたので、『出版ニュース』に転載してもらえて感謝した。刊行後ある知人が、三田氏に話しかける機会があったとして、その時のやりとりを伝えてくれた。

「あの『出版ニュース』のご著書への反論はお読みになりましたか」

「読みました」

「三田さんの方からは反論されないのですか」

「しません」

それだけだったが、『出版ニュース』に載らなければ三田氏に読んでもらうことはできなかっただろう。

図書館批判の動きは二〇〇四年頃に一応収束したが、二〇一一年になって、樋口毅宏著『雑司ヶ谷R.I.P.』の奥付前のページで、著者が同著の図書館での貸出を半年間しないよう求めたことで、またしばらくの間、論議が再燃した。このとき、根本彰氏が『出版ニュース』に、「図書館での貸出猶予の意味」という投稿をして、図書館研究者として樋口氏の主張に同調した。清田氏から、反論があれば投稿してほしいと促されて書いたのが、「根本彰氏の投稿「図書館での貸出猶予の意味」を読んで」（二〇一一年六月上旬号）である。根本氏との論争は『みんなの図書館』の誌面も借りて、計五回交わされた。最近になって、根本氏の考え方は当時とはかなり違ってきているように思える。

さらにもう一度、二〇一五年から二〇一六年にかけて新潮社社長が新刊文芸書について図書館で貸出猶予期間を設けるよう求め、二〇一七年には文藝春秋社長が文庫本の貸出制限を求めるなど、図書館の貸出が出版界に不利益を招いているという議論がもう一度蒸し返された。

この出版界からの三度目の動きについて私は、『出版ニュース』二〇一六年二月中旬号で、「図書館の発展は出版文化も発展させる」と題して、それまでの主張をもう一度まとめ直した。これ以上論争が繰り返されないためにも、反論や意見を聞かせてほしいと思ったが、出版界からも図書館界からも、直接的な反応はなかった。論議をつくすとか、積み上げるとか、なぜかそういう動きにはならないのである。

『出版ニュース』は「出版界の動向や統計を伝える雑誌」と紹介されているように、何よりもまず出版界に軸足を置く雑誌である。その雑誌が図書館についての論考やレポートを定期的にメイン記事としている。そのうえさらに、わざわざ出版界の意見と真っ向から対立する論考を意識的に取り上げてくれて、内容に注文を付けず、存分に図書館の立場を主張させてくれたことに、あらためて感謝している。

『出版ニュース』への私の投稿の前半の四回はすべて、『三角点』とその後継の『談論風発』から転載されたものだった。数人の同人で出している目立たない図書館批評誌に清田氏は目を配り、転載してくださった。図書館界の主流から少し外れた場で発言しているマイナーなグループの主張を、意識的により広い読者へ向けて紹介してくれた雑誌は、『出版ニュース』だけだった。それが『出版ニュース』の個性であり、その特徴が独特の魅力や信頼をつくっていた。

「出版と図書館」以外のテーマで書いた原稿のうち、二つを挙げる。

「英米の図書館の光と影」（二〇〇四年一一月下旬号）。ここでは特に、イギリスの図書館の貸出が急激に減少しているのに、日本では、イギリスにおけるPFIなど市場主義や行政効率化の推進が図書館経営の先進例として紹介されている状況に疑問を投げかけた。当時の日本では、貸出はまだ伸びていたが、すでに図書館界の内部で貸出批判の論調が急激に強くなり、課題解決や情報サービスの重視が叫ばれていた。私はこの論考の最後で、次のように書いた。

「しかしやがて、本を読む人が減ってきて、図書館の貸出の減少が顕在化したときになってはじめて、図書館研究者や図書館員、図書館界自体が読書そのものを衰退させる要因をつくるような議論を進めてきたことに気付くのでは遅い。図書館だけではない。一部の作家・文化人や出版界についてもいえることである。目先の利益よりも、読書を衰退させないこと、本を読む人を増やすことに目を向ける方がはるかに大切ではないか」。

かつて一一・五冊だったイギリスの国民一人当たりの貸出冊数は二〇〇一年に七・一冊まで減少していたが、現在では三・二五冊。驚くほどの衰退である。そして日本の図書館の貸出数も、二〇一〇年くらいを境に減少に転じているが、それでも貸出批判は今もなお、内容を変えながら繰り返されている。一五年ほど以前に、『出版ニュース』誌上で現在の状況を予測し危惧していたのを、今あらためて思い起こしている。

最後に、休刊間近の最新刊二〇一九年二月下旬号の「マスコミの図書館報道を検証する」で、図書館の指定管理についてのマスコミ報道を検証した。このところ私は指定管理の問題ばかり書いているが、『出版ニュース』にこのテーマで書くのは初めてである。

この号で私はTRCの名を出して、指定管理の問題を指摘した。出版界ではTRCは本を売ってくれる企業なので、表だってTRCを批判する声は出にくい。図書館関係の雑誌も、直接TRCの名前を出して批判することは避けているし、指定管理についての記事もバランスを取ろうとしたり、指定管理者のレポートなども適宜掲載したりしている。

その点、『出版ニュース』では、遠慮なしにTRCの名前も出して批判した原稿をそのまま掲載することができた。『出版ニュース』は図書館への指定管理者制度導入に明確に反対の立場を取っているが、このような姿勢を鮮明にしている雑誌はめずらしく、それだけに貴重な存在だった。図書館界からも休刊を惜しむ声は数多く聞こえてくる。しかし、「後継者がいない」という清田氏のコメントは、図書館界にとっても他人事ではない。

図書館は常に発展し、変化している。変化するものには目を奪われやすいが、その一方で、一貫して変わらない図書館の役割は忘れがちになる。「資料提供」という機能は公立図書館の背骨を貫く理論であり基盤であって、そのうえに図書館の変化・発展が構築される。清田氏はそのような図書館の理論とあり方に基づく論議を、長年通して、意識的・継続的に尊重し、意見がぐらつく図書館界に警鐘を鳴らしてきた。

出版界で清田氏がはたしていた役割を図書館界に引きつけて考えたとき、ぶれることのない気骨ある図書館論の主張がほんとうに少なくなってきたと実感する。図書館界の現状がずいぶん危うく思えてくるのである。

（『風』No.215 2019.3.5）

公共図書館プロジェクト答申と図書館のあり方

活字文化議員連盟公共図書館プロジェクトは二〇一九年六月二四日、「公共図書館の将来―「新しい公共」の実現を目指す―（答申）」を公表した。全国の図書館に、国立国会図書館作成の書誌データJAPAN―MARCとともに近刊書の書誌データも無償で提供し、地元の書店から新刊書を購入できる仕組みが提案されている。現状では、一企業であるTRCがTRC―MARCを軸にして全国の図書館への書籍の流通・販売を支配し、寡占化が進んで競争原理も失われている。この不自然な状況を変革する上で重要な提案である。しかしその一方で、プロジェクトのメンバーには図書館の実務に詳しい現場の図書館員が加わっていないため、具体的な内容となると、きわめて荒っぽい。現場の職員からは、今の内容では使い物にならないという厳しい意見もある。システムの具体化のためには、実務が分かる図書館員の参加が不可欠であろう。

全国の図書館がJAPAN―MARCと近刊書MARCを関連付けて活用するのであれば、国会図書館が近刊書MARCのデータ内容について積極的にかかわり、責任を持つことが、MARC活用を進める上で欠かせない条件となる。しかし、プロジェクトのここ何年かの動きを見ると、国会図書館にはそれほどの熱意が感じられないように思えるのだが、どうなのか。

もう一つ、プロジェクトが提言する「将来の図書館運営のあり方」「新しい評価指標づくり」の内容について、私には賛同できない個所がある。図書館界でもっと徹底して議論すべき内容なのに、すでに答が出ている問題であるかのように一方的な方向付けがなされている。

いずれにせよ、今後の議論には、図書館の現場でいま働いている自治体の司書職員の参加が不可欠である。図書館が主役なのだという意識で積極的に参加してほしいし、そうしなければ、プロジェクトの提案は実らない。長年にわたり市販ＭＡＲＣに頼りすぎて、目録や分類、書誌データの作成などかかわったこともないという司書が増え、大学の研究者も、司書課程を担当しながら、現場の実務の仕組みや流れを知らない人が多いと聞く。図書館職員や研究者が現状の問題点を把握し、発言しなければ、良い結果は得られない。

ほんとうの論議はこれからなので、本稿ではこれだけに止める。以下は、答申の「貸出」への評価について、一つの反証として書き加えた。


『ビッグイシュー日本版』は岡山ではいつも買えるとは限らない。決まった場所で売っているのだが、私がたまに通っても、最近では特に、姿を見かけない。私が利用している幸町図書館では購入している。「『ビッグイシュー』を図書館が買うのはおかしい、個人で買わなくなる」という図書館関係者の発言を何かで読んだが、そんなことはあり得ない。それに、相当以前のバックナンバーを読みたいと思えば、図書館以外では読めない。

先頃、たまたま図書館で借りた二〇一八年八月一日号に、ブックデザイナーの名久井直子さんのエッセイが出ていた。

幼い頃、母と祖母の三人暮らしだった。母は外で働いていてほとんど構ってもらえなかった。祖母は寝たきりだった。自分は本が好きだったが絵本も買ってもらえず、家にあった冠婚葬祭のマナー本を暗記するほど読んでいた。あとは図書館に通って読みまくった。本は孤独な子ども時代の拠り所で、物語に助けられていた。そんな経験を経て、大きくなって、本のための仕事をしたいと思うようになった。

図書館は一言出てくるだけだが、こんな体験談を読むと、図書館があってよかったと、つくづく思う。図書館の意義を、理屈ではなくて、現実として実感するのだ。程度や内容の違い、あるいはその後の結果の違いはあるとしても、数多くの子どもたちが類似の体験をしていて、全国の図書館の何年もの累積で見れば、このような事例は数え切れないほど多くあるだろう。図書館員はときたま、図書館の窓口で、あるいは新聞や雑誌の投稿などを通して、このような図書館の役割を実感する機会がある。しかしほとんどの場合、そんな事実は知ることも知るすべもない。どれほど多くの人たちに、どれほど大きな意義があったとしても、図書館員にはその内容は知り得ないが、それが「資料提供」「貸出」なのであり、そこに図書館の役割の核心があると私は考えてきた。

さりげない、日常的な図書館の役割こそが大切なのだ。子どもだけではない。大人でも、高齢者でも、さまざまな不自由な環境にある人たちも、一利用者として特に目立つこともなく、図書館を利用し、本を借りているが、その貸出という一見単純なサービスが、一人ひとりの人生でかけがえのない役割をはたしている。

そんな図書館の役割を、新聞の小さな記事や投書欄で見ると、昔からできるだけコピーして保存してきた。二〇一二年八月三〇日のスポニチのウェブ記事によると、腹話術のいっこく堂は劇団民藝の団員だったが、独立して活動することを目指し、区立図書館で腹話術の本を借りて毎日練習し、プロとしての技術を習得した。これはビジネス支援ではない。「ただの貸出」なのだ。そいま図書館では、職員が直接かかわるビジネス支援や課題解決の事例を過大なほど評価する。その一方で、「ただの貸出」のなかに、それ以上の、比較にならないほど数多くの事例があり、常にその可能性が予測できるのに、「貸出」の意義と奥行きへの意識が希薄になっている。

一九九七年四月九日の朝日新聞に「図書館通いは亡き夫の遺産」という六九歳の女性の投書がある。数年前、本好きだった夫が「書店と図書館へ行けば、世の中のことでわからんことはなにもないからな」と言い残してこの世を去った。心細さから毎日ふさぎ込んでいたが、やがて地域の図書館へ通い始めた。読書を楽しみ、豪華な写真集も楽しみ、中央図書館までも足を伸ばし、新聞記事をコピーして昔の記憶を確かめたりしている。スニーカーにリュックで図書館に通うおばあちゃんだが、「人に頼らず、自分で調べなさい、と言う夫の声が背中から聞こえてくるような気がする」。一読、胸を打たれた。

最近では、二〇一八年一月五日の東京新聞、町田市の一二歳の中学生の投書。「毎週図書館へ通っている。新しい本のコーナーがあり、たくさんの本があり、毎回新しい発見がある。大勢の人たちが利用しているので、本を広げるだけで、さまざまな人とつながれる気がする」。中学生は本を読んだり借りたりしているだけかもしれないが、その感覚は図書館の本質にふれている。

二〇一九年一月一日の朝日デジタルの栃木県の七三歳の女性。「一〇年前に処分した三島由紀夫の『金閣寺』をもう一度読みたくなり、図書館へ行ったところ、文庫本や中高生向けの本など、さまざま用意してくれて、それ以来図書館通いが始まった。巨峰とピオーネの苗をもらったので手入れの仕方の本を尋ねると、家庭菜園の本から専門書まで、たくさんの本を探してくれた。昨年実を付けたので、今年は報告を兼ねて、図書館の人へおいしい実をお届けしたい」。一九七〇年刊行の『市民の図書館』では、「貸出しは必ず読書案内を含まなければ発展しない」と記されている。資料の案内と貸出が自然につながる図書館でありたいものだ。

ほかにも、「図書館は私の宝物」（兵庫県滝野町（現加東市）のお年寄り）、「図書館に恋愛中」

（大阪市の主婦）、「公共図書館は私のオアシス」（岡山市の公務員）など、題名だけでうれしくなるような投書がたくさん私のファイルにある。しかし実は、このような、図書館への親しみや温かさに溢れ、図書館の日常的なサービスを喜び、人生の楽しみにしたり、仕事に役立てているという投書、図書館の立場では、自分たちの仕事の意義をあらためて教えられる内容の投書は、私のファイルでは二〇年ほど前の頃が最も多く、最近になるほど数が少なくなっている。気がかりな現象だと感じている。

（『風』No.219 2019.7.8）

距離的にも、心理的にも、身近な図書館を

図書館はだれでも利用できる施設であり、利用したいと思う人は、どこに住んでいても利用できるのでありたい。それを『市民の図書館』(1970)は、「全域サービス」という目標として提示した。『市民の図書館』はもう古い、いつまでも『市民の図書館』にしがみついていたら図書館は発展しないなどという批判が、過去も現在も繰りかえされている。いま国が打ち出している施設の集約化・複合化は、『市民の図書館』がめざした図書館のあり方とまったく逆の方向だが、図書館界からは疑問も批判も出てこない。時代状況が変化したためではない。図書館側の意識の方が変化しているのだ。国の方針に疑問を持たず、議論もしないで唯々諾々と受け入れてよいのか。図書館は一人ひとりの市民が、自立して考え、論議し、判断するとき、確かな役割をはたす施設である。まして図書館・図書館員自体がそうであらねば、何のための図書館か。

各地で、大規模な図書館を中心とした複合施設の建設が続いている。にぎわいが生まれ、市民は歓迎する。かわりに地域の小規模な図書館が廃止され、あるいは弱体化してもやむを得ないのか。だが、遠くなった図書館へ、行きたくても行けない人がいる。高齢者、子どもたち、生活弱

者とされる人たちほど、遠くへは行けない。特定の大規模施設への集約化・複合化は、すでに拡大しつつある人びととの生活格差をますます広げ、一方で多大な経費がかかる。

私もいまは図書館の利用者だ。本は読みたいし、まだ当分図書館は利用したい。私が一利用者として図書館に望むのはふつうのサービスで、小難しい理屈はいらない。読みたい本を図書館で借りて読む。自分が知らなかったおもしろい本に出会える。調べものに役立つ。職員を通してさまざまな資料・情報を得る。これはおそらく大多数の市民が図書館にまず望むことで、しかも図書館でなければはたしえない役割だ。しかしいま図書館では、この当たり前のサービスが大切にされていない。ふつうのサービスの充実は、当たり前すぎて大きな声になりにくい。毎日の暮らしのなかでどんな図書館を求めているのか、市民は本音を語り、声をあげてほしい。

私もかつては図書館員だった。流行に乗って目新しいサービスを語るよりも、ふつうのサービスを魅力的にし、平凡に見える仕事をいつも充実させる方が、実ははるかに難しい。図書館が年々発展していたころ、図書館員は日常のサービスをどう改善し、市民の資料要求にどう応えるか、考え、話し合い、たえず議論を交わしていた。限られた資料費で何を購入するか、迷い、ためらい、新着棚へ出た本がどう利用されているか、選書は適切だったか、本の動きをいつも気にかけていた。何か探している人、迷っている人に気を配り、一見平凡な資料案内に徹底して取り組み、それが思いがけないほど奥深いレファレンス・サービスに至ることを実感してきた。そんな取り組みが、図書館員の日常の仕事への力量を高め、より多くの市民の、幅広い資料の利用を高めていった。

つい最近、私はある地方を旅して、いくつかの図書館にも立ち寄った。うち二つはいま流行の派手な複合施設内の大規模図書館だったが、利用者も貸出の実数も、おどろくほど少なかった。別の少し古い図書館は、蔵書も多くて立派な規模だったが、これも何か、ふしぎなほどに閑散として、棚の本は生きていない。ニュース性のある取り組みをしていると聞いていたが、日常のサービスがあまりにさみしく、利用者と職員の会話も乏しい。職員の関心は日常の仕事に向けられていない。図書館への心理的な距離が遠くて、イベントでもやらない限り、利用者が気軽にやってこないのだ。

「ハレ」と「ケ」という言葉がある。最近の図書館はいつも「ハレ」ばかり追い求めているが、図書館は本来的に「ケ」の場であり、市民にとっても職員の立場からも、日常の仕事をたえず見直し、充実させる取り組みこそが、図書館の規模の大小にかかわらず、豊かなサービスをもたらすと、私は考えている。

（『点』No.20 2019.7.25）

貧しかったころの図書館の事例から

私の父は三反の百姓だったから、市の図書館を利用するゆとりはほとんどなかったが、私が中学生だった頃、一度だけ図書館へ出かけたことがあった。集落の神社のことでもめ事が起こり、郡誌に書かれていることを確かめる必要が生じたためである。当時は道も悪くて、図書館がある市の中心部までは、自転車で一時間近くかかった。

その日、父は野良仕事を早めに切り上げて図書館へ向かったのだが、閉館時間を一時間間違えていて、図書館に着いたときはすでに閉まっていた。どうしたものかと迷っていると、建物側面の通用口から、年配の職員が出てきた。父の様子を見て、どうされましたか、と声をかけてくれた。事情を話すと、そんな遠いところからもう一度来るのは大変でしょうと言って、通用口から図書館へ入るよう招いた。館長だった。郡誌を探して手渡し、自分は仕事もあるので、遠慮しないで必要な時間、調べてくださいと言ってくれた。父は二〇分か三〇分で目当てのページを書き写すことができたのだが、家へ帰ってから、「図書館というのはえらく親切なところだ」と繰り返し言っていた。この記憶は私が図書館員になった後にも、私にとっての図書館のイメージに少なからず影響している。

岡山駅の一つ東の駅あたりから真北の方向に、金山という標高四九九mの山があり、中腹に集落が見える。金山寺というお寺もある。現在は車道があるが、戦後かなり長い間、人びとは集落と麓の間を歩いて行き来していた。

戦後の早い時期、この集落から岡山市立図書館に本をまとめて貸してほしいという、今で言う団体貸出の要望が寄せられた。岡山市立図書館では戦後、一九五四年に移動図書館サービスが始まっているが、おそらくそれ以前の話である。なぜかというと、図書館のある場所から金山の麓までは相当な距離があるのに、志願した若い職員は自転車の荷台に大きな木箱いっぱいの本を詰めて運んだからである。そこから大型のリュックサックに本を詰め替えて背負い、山道を中腹の集落まで歩いた。その職員はのちの中央図書館館長黒崎義博さんである。

私は金山へは二度か三度、ハイキングで麓の駅から登ったことがあるが、木箱いっぱいの量の本を背負っていたら、間違いなく途中でへたばって動けなくなっただろう。

黒崎さんは二〇〇四年に急死されたが、その葬儀で自宅前の児童公園で出棺を待っていたとき、私のすぐ後ろで、お年寄りが連れの人に金山の話を語っているのが聞こえてきた。「あの人は岡山市の図書館の育ての親のような人じゃった」と。図書館関係の人ではなくて、私の知らない人だった。図書館の人でもほとんど知らない話を、こんな場で市民の人が語っていることに感慨を覚えたものである。

戦後、日本の図書館がまだ貧しかったころ、金光図書館がはたした役割は、岡山県ばかりか全国の図書館のなかでも際立っていた。有山崧はじめ、当時の日本の図書館のリーダーだった数多くの図書館人や著名な文化人が金光図書館を訪れ、ミシガン大学の一行も何度か来館している。これほどまでに図書館の評価を高めた初代館長金光鑑太郎《こんこうかがみたろう》の業績・人柄・挿話等は数多く記録に残されている。その一つ。

一九四九年、高校生が、館報『土』に引用されたアメリカの小説を読んでみたいと思って、鑑太郎館長に直接お願いした。館長は引き受けてくれた。当時のことなのでアメリカから取り寄せるのに何か月も待たなければならなかったが、無事に届き、お互いに喜び合った様子が、山縣二雄「金光図書館の三十年（上）」（『土』一〇七号　1978.12）に記録されている。予約制度が日本ではじまる十五年以上も前の話である。

半世紀以前の三話は、ちょっと良い話や美談として、あるいは図書館員のプロ意識という意味で紹介したのではない。時代は今とは違うが、時代特有の話でもない。一般的には、当時の役所

（金光図書館は役所ではないが）は現在よりもはるかに「お役所的」だった。黒澤明監督の名作『生きる』に戯画的に描かれた市役所のように。

親切とか丁寧とかいう意味に限っても、おそらく現在の方が行政サービスは進んでいる。そのうえ、現在の図書館は当時とは比較にならないほど発展している。それでいて、上記のような事例には応えてくれないだろうし、例外的な事例には応じるべきではないと考える人の方が、むしろ多いのではないか。しかし、いま忘れられかけている貧しかった時代の挿話には、忘れてしまうにはあまりに惜しい図書館サービスの本質があると、私は思っている。

「図書館は「人」だ」とよく言われる。蔵書や施設より以上に、専門性を備えたすぐれた図書館員の存在が図書館の運営を左右している。三話もたしかに「人」が問題なのだが、現在で言う「すぐれた図書館員」の意味とは少なからず違う。このようなタイプの図書館員は現在では非常に少ないし、むしろ時代に合わなくて、組織からはじき出されかねない。

しかし、こうした人たちは図書館の歩みの中で、図書館を内側から変革し、飛躍させてきた。一九四八年の金光図書館報『土』発刊の辞に謳われた「図書館のための図書館では意味がない。利用され、活用され、生きてお役に立つ図書館でなくてはならない」という言葉や、岡山市立図書館の「奉仕第一主義」（黒崎義博『岡山の図書館』より）という姿勢は、一時的な標語ではない。岡山の図書館の特徴として、時代の移りかわりにより変化しながらも、後継の図書館員に深い影響をおよぼし、生き続けてきた。理論的に検証すれば、サービスの優先度やバランスの面など、問題はさまざま指摘できるかもしれないが、その実践は時代を先取りし、図書館を内側から変革させる力として根を張った。

戦後早い時期の金光図書館のサービスは時代をはるかに先取りしていた。児童へのサービスは戦後すぐに始められ、子どもたちは裸足だったので、入口には足を洗う場が設けられた。点字本が作成され、貸出は一九五〇年に開始された。レコードコンサートは一九四七年から毎月。農村読書会はお寺などを会場にして一九四七年から。昼間は農作業があるので、夕食・入浴後の夜九時頃から深夜までの時間帯に開かれていた。

岡山市立図書館は予算は乏しく、実績もまだ十分ではなかったが、そんな中で、一九七一年から身体障害者家庭配本が開始され、一九七二年からレコードの貸出、一九七四年から移動図書館による岡山少年院への貸出など、いずれも全国に先駆けたサービスだった。

私は一九七〇年に岡山市立図書館に職を得た。日本の図書館が大きく変わろうとしていた時期、岡山は先行する首都圏などの図書館の背中を見ながら、サービスのあり方を模索し続けてきた。岡山は時代の流れに学ぶ立場だったが、時代を経るにつれて、疑問も大きくなり、岡山で引き継がれてきた特徴を再認識するようになった。これについて、私は繰り返し書いてきた。

図書館職員をめぐる動きは、国の制度が変わるたびに悪くなっている。指定管理者制度はその最たるものだ。最前線の現場が自ら切り開いてきた「人」の要素が、大幅に劣化し、一律に平準化され、図書館を飛躍させる力を失わせている。サービス現場の職員は、だれでも代替できる将棋の駒であってはならない。資格があっても、形だけの浮ついた専門性では、市民の信頼は得られない。図書館に求められる「人」の原点は、常に、市民と接するサービスの現場にある。サービス現場の力量と意識が問われているのであり、そのことを思いながら、困難な時代に先人が切り開いた道を振り返ってみた。

（『風』No.215 2019.3.5）

「図書館のにぎわい」の実状はさまざま

先日、ネットのテレビニュースで、関東地方のある図書館のにぎわいが紹介されていた。アクセスのよい場所ではないのに、開館前から大行列ができるのだという。

図書館職員が「図書館以外にもいろんな用途に使っていただける滞在型図書館を目指しておりまして」と説明していた。従来の図書館の、貸出・返却だけですぐ帰る場所というイメージを払拭し、日常生活のなかでもっと活用してほしいと考えた。力を入れているのが、「飲食可能なスペースを設け、弁当を持ってきて一日中でもゆっくり過ごせるようにしたこと。飲料は館内どこでもＯＫとしたこと」。また、「学生の試験期間には、臨時に開放する会議室などを合わせて一〇〇席近くある学習席が、開館とともにあっという埋まるが、別に、社会人専用の快適な学習室を設けた」などと語られていた。開館時の行列を撮していた。社会人らしき人も何人か見えるが、大多数は高校生のようである。内装にこだわり、地元産の木材を使った木のぬくもりを感じる館内。キッズスペースや授乳室など子連れに優しい設備も完備。「利用者に徹底的に寄り添って生まれた癒やしの空間」と報道されていた。

図書館の床面積は約二七〇〇㎡、二〇一三年七月に移転新築された。市の人口は約八万人で、ほかにこども図書館、二つの分室、移動図書館がある。二〇一八年度の貸出点数は、市立図書館が二七万六千点、全館の計で四〇万五千点。開館前から大行列ができる図書館で、年間貸出数二七万六千点はちょっともの足らない。映像で見るフロアはたしかに木のぬくもりがあり、快適に見える。しかし、「利用者に徹底的に寄り添って生まれた癒やしの空間」が、長時間学習する高校生や社会人にとって居心地よいとしても、その一方で、図書館資料が活発に利用されず、しかも二〇一五年をピークに貸出数が年々さがっているのはなぜなのか。あらためて、図書館の役割は何かと考えてしまうのである。

「滞在型図書館」という言葉は、いつ頃からだれが使用しはじめたのか、私は確認していない。定義も曖昧だ。ゆとりのある快適な図書館が志向されるようになり、気軽にゆっくりと時間を過ごすことのできるよう、フロアの各所にソファやスツールなどの座席が配置され、多目的なスペースやカフェなどが設けられるようになった。資料提供を図書館機能の柱とした上で、施設がより快適になり、サービス内容がいっそう広がれば、それ自体はよいことだ。

しかし、言葉は一人歩きする。「滞在型図書館」という用語が定義もされないまま使用されているうちに、その意味内容はあれこれ変化し、それぞれが勝手な意味合いで使うようになった。今回の報道では、「滞在型図書館」の特徴は、「図書館以外のいろんな用途で使用できる」「貸出・返却だけですぐに帰る図書館のイメージを払拭する」「館内で飲食ができる」「学生も社会人も学習できるよう、多くの学習席を設ける」「木材を使ったぬくもりのある空間をつくる」などと説明されている。「滞在する」ことと「図書館資料の利用」の関連は、少なくとも報道においては考慮されていないし、資料の利用より以上に、「滞在」そのものが図書館の役割として評価されている。

近年、同じような考え方で施設を設計し、運営する図書館が急激に増えている。マスコミの報道も、このような図書館の方向性を評価し、類型的な報道を繰り返すようになった。今回の報道は、典型的な事例である。

先日一〇月二二日、西大寺緑花公園緑の図書室に立ち寄った。二〇〇九年の全国都市緑化フェア跡地が緑花公園となり、フェアのために建設された施設の二階に、すでに老朽化していた岡山市立西大寺図書館が移転した。補助金の関係で図書館法上の図書館になっていないが、室内のレイアウトや書架・家具類の設計・選択は図書館職員に任され、運営は教育委員会に事務委任された。職員も図書館の司書が配置され、実質的に市立図書館の分館のように運営されている。

私の自宅からいちばん近い図書館で、家族はこちらを利用しているが、私は岡山駅に近い幸町図書館をいつも利用していて、緑の図書室を訪ねるのは久しぶりだった。この日は天皇即位の行事のために学校が休みだったためかもしれないが、図書館内はちょっと驚くほど人で溢れていた。床面積約八〇〇㎡、うち事務室兼書庫を除いた利用者フロアは七四〇㎡なので規模としては小さい。職員は正規二人、嘱託・臨時が三人の計五人で全員司書（ほかに学生アルバイトが年間実労働時間一五〇〇時間換算で一人）。二〇一七年度の貸出数は六〇万点で、職員一人当たり一〇万点以上の貸出なので、非常に忙しい。

フロアが狭いためかもしれないが、その日はどの場所にも人がいる印象だった。閲覧机の座席はわずかしかないが、ソファ、ベンチ、スツール、マットなどの席はあちこちに配置され、合計すると一〇〇席以上あるので、それぞれに座って本や雑誌を見ている人がいるし、書架の間にも本を探している人がいる。

この日の職員は四名で忙しく働いていた。カウンターには利用者が途絶えることなくやってくる。そんな中でも何か尋ねる人がいる。職員は書架までいっしょに案内して資料を探し出し、コピーまで手伝っている。カウンターでなにか話しかけ、しばらくの間、応対が続いている。手が足らなくなると、配架をしていた職員が様子を見て急いでもどってきて貸出や返却の対応をする。

実はこの日、私自身も家で調べてこの図書館に所在しているのを確認した本を借りに来たのだが、書架の所定の場所に見つからない。忙しくて申しわけないと思いながら、カウンターの人が途切れたときに職員に尋ねたところ、小走りに書架まで足を運んで探してくれたが、やはりなかった。予約扱いにしてあとでもう一度探して連絡しますと言ってくれたが、急がないのでいつも利用している幸町図書館で取り寄せてもらうからと答えた。何日か後に幸町図書館へ行くと、探していた本がすでに届いていた。西大寺で処理してくれていたのである。

私の家族も近くの人や知り合いも西大寺の図書館を利用しているが、図書館の評判は非常に良いのがうれしい。職員が親切でなんでも訊きやすいと、みんなが言ってくれる。ふだんは先日ほどのにぎわいではないだろうが、カウンターやフロアではいつも、利用者と職員が和気あいあい言葉を交わしている。各地の図書館を訪ねると、そんな雰囲気がほんとうに乏しくなっているので、小規模の図書館の、職員が生き生きと利用者に向き合っている光景は久しぶりに印象的だった。

西大寺の図書館はにぎわっているが、前段の報道のような「利用者に寄り添った癒やしの空間」ではない。そんな言葉は使ってほしくない。住民から信頼され、評価されている図書館なのだが、住民の多くは、「寄り添い」や「癒やし」を図書館に求めてはいない。

「寄り添う」のもともとの意味は「体をすり合わせるように近くに身を寄せる」で、そんなことはふつう、不特定の他人にしたくないし、してほしくないものだ。「癒やす」も元は「病気や傷がなおる」の意、『岩波国語辞典』ではわざわざ、「二十世紀末から単なる安らぎ・リラックスなどの意味の誤用が始まった」と注釈を付けている。言葉は変化するものだとはいえ、いま流行りの情緒的なあいまいな言葉で図書館を特徴づけ、あるいはマスコミが報道するのは、浅薄すぎるのではないか。なまぬるい情緒に浸っているうちに、図書館の本質が崩れかねない。図書館の基本的な機能はなにか、市民の多くが図書館にまず求めている役割はなにか。一人ひとりの利用者への接点を大切に、具体的で実質的なサービスの提供に努めなければならない。

（『風』No.223 2019.11.5）

前川恒雄氏への感謝

『風』で以前、次のように書いた。

「前川氏の著作の中で、『移動図書館ひまわり号』ほど繰り返し読んだ本はない。図書館現場で仕事をしていた頃、困難な問題にぶつかり、迷い悩んだときに、しばしばこの本を開いた。前川氏だったらこんな時どうしただろうかと想像することで、たとえ目立たない地方の図書館の片隅で仕事をしているのであっても、図書館の理念を曲げてはならない、恥ずかしいことをしてはいけないという気持ちになり、迷いを振り切ることができた」。

『移動図書館ひまわり号』は図書館を取りまく、貧しくて厳しい時代を切り開き、大きな発展への道をつくった図書館員の実践の記録である。前川恒雄氏の訃報を報じた東京新聞の記事に昭和四〇年代初頭のひまわり号の貸出風景の写真が掲載されている。広場の光景も利用している人たちも、寂しいほど貧しく見える。前川氏ともう一人の職員が貸出をしている様子には、何か一生懸命という切実な雰囲気がある。明るいとはとても言えないこの写真に、日野市立図書館の出発の原点が感じられる。漆原宏写真集『地域に育つくらしの中の図書館』の、日野市の公園に利用者が溢れている活気ある風景もまた時代の貴重な記録だが、そのような活況に至るまでの厳しい実践の過程こそ、繰り返しふりかえって学ばなければならないと私は思っている。

前川氏は日野市立図書館長、滋賀県立図書館長として公立図書館の改革・発展を成し遂げた実践者だった。また、数々の著作・論文・評論等を通して、甲南大学教授として、「市民の図書館」としての公立図書館のあり方を理論化し、図書館員や図書館を利用する人たちの意識や理解を高めた人でもあった。しかし、前川氏の最大の業績は、なによりもまず、実践者としての仕事にあった。理論化の基盤には現実の図書館運営があった。実践が理論をつくり、理論は実践に反映され、生かされた。前川氏の主著である『図書館の発見　市民の新しい権利』『われらの図書館』『移動図書館ひまわり号』はすべて、日野市と滋賀県の図書館長だった時期に書かれている。実践と理論は切り離せないが、前川氏の場合は常に、実践を土台にしたうえで、その著作や発言を読み取らなければならない。

現実は必ずしも理論通りにはいかない。理論上の「あるべき」内容を現実の運営で実現する過程では、さまざまな壁に対峙しなければならない。前川氏は、だれもまねができない強靭な意志、ねばり強さ、そして理想を背にした強い説得力などにより、現実を切り開いてきた。その一方で、前川氏は現実主義者でもあった。現実的な対応を「妥協」とせずに、理想の実現への近道とするしたたかな実務者でもあった。それが前川氏の著作などへの誤解や批判を招くことも少なからずあった。

前川氏は日野市で一五年（うち助役等として六年）、滋賀県で一〇年を勤め、だれの目にも明らかなめざましい実績を達成した。実績に裏付けられた著作であり発言であった。「図書館員は「口舌の徒」であってはならない」と前川氏は語っていた。継続した確かな実績もないのに調子のよいマスコミ受けする発言を繰り返し、カタカナ混じりの小難しい「理論」を語り、変わり身早く次のステップを求める図書館員、あるいは現場の実践に興味を持たず、係わる気もなく、活字だけを追って公立図書館の問題を論じる研究者などに対する批判は厳しかった。

私は図書館の現場で仕事をしていた頃、前川氏の講演は何回か聞いたが、個人的に接する機会はなかった。図書館から市役所に異動になり、早期退職を決めた頃、前川氏の古稀記念論集の刊行が計画され、編集責任者の馬場俊明氏が論集への執筆を勧めてくださった。同論集が『いま、市民の図書館は何をすべきか』のタイトルで刊行されてまもなく、前川氏から手紙をいただいた。私が書いた『「貸出」の発展と職員の専門性』をほめてくださり、今後への期待と励ましが書かれていた。私はこの手紙のおかげで、退職後も新たな立場で図書館にかかわる意欲を持つことができた。その約一年後、前川恒雄、伊藤昭治、馬場俊明、山本昭和の四氏が同人として発刊した図書館批評誌『三角点』への参加を誘われ、以降、神戸で開かれていた例会に月に一度、休むことなく岡山から参加するようになった。前川氏と直接話ができるようになったのは、この時からだった。

この頃から、本誌『風』を毎月前川氏に郵送でお送りしてきた。前川氏からは感想や意見が届いた。はがきで数行の簡単な内容が多かったが、ほぼ毎月必ず、それもおそらく『風』が届いたその日か次の日のうちに投函されたと思える速さで返信されてきた。恐縮するとともに、私のような退職した元図書館員に対して、これほどまでていねいで筆まめなのに驚くほかなかった。このはがきが私にとってどれほど刺激になったか、とても言葉には尽くせない。

『前川恒雄と滋賀県立図書館の時代』にまとめられた聞き書きについては、記憶が近すぎて語りづらい。前川氏は個人的なことについて語るのを好まない人だった。私は当初、滋賀県立図書館の時代とともに、日本図書館協会の職員になる以前のことなども知りたいと思っていたのだが、なかなか話していただけなかった。少しずつ語ってもらえたことを書き記したのだが、おそらく前川氏の本意には沿わなかったのではないか。滋賀県立図書館の時代についても同様で、「あなたはあれこれ訊きすぎる」とかなり厳しく叱られたこともあった。聞き書きの合間に、私的な話もしてくださったが、活字にできた内容は限られている。聞き書きをもとにしながら、その要素を薄めて私自身の文章で書いたのは、それなりの理由があった。

私は前川氏に死生観を尋ねたことがある。「死についてどう思われますか」と訊くと、前川氏はおだやかな表情のまま、一瞬いたずらっぽい笑顔を見せて、英語で“I have done my duty.”と言った。「私は務めをはたした」。一八〇五年のトラファルガーの海戦で英国艦隊はスペイン艦隊に勝利したが、英国艦隊を指揮したネルソン提督は敵の銃弾を受けて死亡した。その今際の言葉がI have done my duty. だったと伝えられている。

「私はがんなのです。ゆっくり進行しているので、すぐにどうというのではない。今なら手術ができますと言われたが、私は手術を断りました。自然に死に向かうのでよいと思っている。私はいまは死を怖いとは思わない。自分がやるべきことはやったつもりです。現在の図書館は私が望む状況ではないが、もう私に何かできるわけではない。今まで精一杯のことをしてきたので、自分はこれでよいと思っています」。

一九八四年秋、前川氏は長崎の純心女子短期大学で図書館学コースの学生に特別講義を行い、その内容は『図書館員を志す人へ』の題で小冊子として刊行された。この講演の最後で前川氏はおおよそ次のように語っている。

「私たちはどうせいつか死ぬのです。死ぬときに自分は何になったか、どんな地位に就いたかはほとんど意味がない。大事なのは自分が何をしたかということです。図書館は自分はこれをやったぞと言える職場です。どんなに努力してもそれができない職場もあるが、図書館はやれます。みなさんもできたら図書館に勤めてほしい。一生図書館の仕事をして満足して死んでほしい」。

学生にこう語ったことに前川氏の強烈な個性を私は感じたのだが、この言葉は学生にというよりも前川氏自身に向けて語られたのであろう。

前川氏に深く感謝し、氏の理想が時代を越えて受け継がれていくことを心から願う。

（『風』No.229 2020.5.6）

あとがき

本書は『図書館の基本を求めて』シリーズの一〇冊目として、個人誌『風』と同人による季刊図書館批評誌『談論風発』に二〇一七年六月から二〇一九年一一月にかけて発表した中から選んだものだが、ほかに『出版ニュース』など別の雑誌・小冊子への寄稿を加えた。

個人誌『風』は二〇〇一年七月に第一号を出して以来、すでに二〇年近くの間、毎月刊行してきた。これに『三角点』『談論風発』への寄稿を加え、本としてまとめた『図書館の基本を求めて』シリーズは本書でちょうど一〇巻となった。『風』はまだ続いているが、本にまとめるのは本書を最後にしたいと思っている。

なお、本稿を校正している途中で、前川恒雄氏の訃報を知り、『風』（No.229 2020.5.6）に「前川恒雄氏への感謝」を書いた。私は一九七〇年以降、長年図書館の仕事に係わってきたが、前川恒雄氏にはだれよりも大きな影響を受け、多くのことを学んできた。本シリーズが本書で終わるため、時期が外れているが、最後に二〇二〇年五月の『風』（No.229）を追加させていただいた。

『風』を書き始めた頃、日本の公立図書館を取りまく環境は大きく変わりはじめていた。政治の世界では小泉内閣の新自由主義的な政策が強く打ち出され、「改革」が声高に叫ばれ、やがて図書館にも行革と民営化の流れが急激に押し寄せてきた。

行革と民営化は行政全般の流れの一環だったが、図書館に限定されたサービス内容についても、二〇〇〇年頃以降、「改革」が強く主張されるようになった。一九七〇年の少し前から、日本の図書館は大きく成長し発展してきたが、その基盤となっていた図書館のあり方もまた、「改革」の立場から、批判や見直しの対象とされ、さらに作家・出版者による図書館批判がこれに重なった。その「改革」の内容は、具体的には、「民営化」のほかに「電子図書館」「ビジネス支援」「課題解決型図書館」などの用語で表現され、文科省（文部省）の報告書にも反映されてきた。

私はこのような改革を「上からの改革」「与える改革」として強く批判した。一九七〇年代以降の図書館の変革は、サービスの現場の職員が主体となって進められ、利用の大幅な向上という現実の成果により市民の支持を得たものだったが、新たな「改革」は内実に乏しく、実際の成果も得られていないことを、データにより明らかにすることを、私の発表の中心的なテーマとしてきたつもりである。本書の巻末に『図書館の基本を求めて』シリーズのⅥ～Ⅹの内容と、テーマ別内容タイトル一覧をまとめたが、この間の私の関心と主張が、上記の日本の公立図書館の動きと、その延長上の流れの中で展開されてきたことを、あらためて確認している。

同じタイトルのもと一〇巻も刊行できたのは、個人誌・同人誌への発表時から多くの方たちよりご意見や感想をいただき、励ましを得たためであり、心から感謝を申し上げる。内容の評価の是非はともかくとしても、このシリーズが少なくとも、公立図書館をめぐる一時代の流れをたどるうえで一つの記録となることを願っている。

最後に、『図書館の基本を求めて』シリーズ全一〇巻の刊行については、長年にわたって大学教育出版代表佐藤守氏に大変お世話になりました。心から御礼を申し上げます。

二〇二〇年五月

著　者

『図書館の基本を求めて』Ⅵ～Ⅹ　収録タイトル一覧

注:『図書館の基本を求めて』(Ⅰ)～Ⅴについてはの巻末に掲載されている。

◆Ⅵ　2011～2012

◆Ⅶ　2012～2014

3(*193*)『図書館の基本を求めて』Ⅵ～Ⅹ　収録タイトル一覧

寺門静軒『江戸繁昌記』再々読
武雄市図書館再訪、一年半を経た図書館の実状
繰り返される図書館批判と貸出数の減少
図書館のピケティ現象と予約サービスのアマゾン化
貸出と予約の数値 ― その相関とサービス評価は
なぜ『日本の図書館』の統計数値には誤りが多いのか
『絶歌』の出版と図書館の対応
『絶歌』の収集・提供で萎縮する図書館
活気がない図書館、利用を伸ばしている図書館
『絶歌』問題で思い出す、過去の事件への対応
海老名市立中央図書館の問題は何か ～ 図書館と書店、ＣＣＣとＴＲＣ
民営化は図書館を発展させていない ―「ほどほどの図書館」への過大評価

◆Ⅸ　2015～2017

蔵書は動いているか、生かされているか
書庫の資料の保存と廃棄
「資料提供」の意味と司書の専門性
「思い出の本との再会」と図書館の役割
文庫本と図書館
民営化は何をもたらしたか
図書館から失われてしまったもの
図書館員としての立場、利用者としての立場
利用者と図書館員の会話がなくなってゆく
豊田市中央図書館の状況と問題
大規模複合施設と図書館の指定管理
モンスター化するＴＲＣ指定管理
排除・制限せず、萎縮せず、資料の収集・提供を
伊藤昭治さんのこと
『移動図書館ひまわり号』の復刊
タブーをつくらず、民営化について論議を
はじめて岡山に来た頃のこと

◆その他、『図書館の基本を求めて』に収録されていない2011年以降の論文、評論

根本彰氏の投稿「図書館での貸出猶予の意味」を読んで『出版ニュース』2011.6月上旬号

虚像の民営化「ツタヤ図書館」『世界』2015.12

「データで見る指定管理者制度の実態―サービスと経費」日本図書館研究会　2018年度図書館学セミナー発表（2018.11.25）の記録『図書館界』Vol.70, No.6, 2019.3

『図書館の基本を求めて』Ⅵ～Ⅹ テーマ別収録タイトル一覧

◆出版と図書館、ベストセラー複本購入論争、書店と図書館

◆図書館のあり方、図書館経営、図書館サービス（貸出、資料案内、予約、など）

◆図書館職員、図書館員の仕事、資料収集、保存、廃棄

伊藤昭治さんのこと　Ⅸ
子どもの本の改訂と資料の保存　Ⅸ
図書館の新設と図書館員のかかわり　Ⅸ
集まって雑談する ― 風通しのよい図書館談義を　Ⅹ
カウンター業務と職員の専門性　Ⅹ
デパ地下試食販売員のプロ意識 ― 図書館では……　Ⅹ
貧しかったころの図書館の事例から　Ⅹ
前川恒雄氏への感謝　Ⅹ

◆図書館評価、図書館統計

図書館についてのアンケート調査をどう読むか　Ⅶ
入館者数というあいまいな統計数値　Ⅶ
再び、何かおかしい「利用者満足度」　Ⅶ
利用者アンケートと図書館評価のちぐはぐ　Ⅶ
貸出と予約の数値 ― その相関とサービス評価は　Ⅷ
なぜ『日本の図書館』の統計数値には誤りが多いのか　Ⅷ
だれのための図書館評価か　Ⅸ
図書館職員と市民の評価 ― アンケート調査の「自由意見」から　Ⅸ
話題の図書館について、評価の違い　Ⅹ
貸出の減少、言いわけの図書館論議　Ⅹ
貸出の減少と経費の推移　Ⅹ
統計をめぐる騒動　図書館も他人事ではない　Ⅹ

◆図書館の自由

『はだしのゲン』閲覧制限問題と図書館の役割　Ⅶ
『絶歌』の出版と図書館の対応　Ⅷ
『絶歌』の収集・提供で萎縮する図書館　Ⅷ
『絶歌』問題で思い出す、過去の事件への対応　Ⅷ
排除・制限せず、萎縮せず、資料の収集・提供を　Ⅸ

◆図書館を訪ねる

小布施町立図書館を見る　Ⅵ

◆岡山の図書館

◆その他

■著者紹介

田井　郁久雄（たい　かくお）

東京教育大学卒
岡山市立図書館に30年勤務
就実大学、ノートルダム清心女子大学、岡山大学、
阪南大学で非常勤講師
広島女学院大学准教授、2014年退職

図書館の基本を求めてX
―『風』『談論風発』2017～2019より―

2020年8月30日　初版第1刷発行

■著　　者――田井郁久雄
■発 行 者――佐藤　守
■発 行 所――株式会社 **大学教育出版**
〒700-0953　岡山市南区西市855-4
電話（086）244-1268（代）　FAX（086）246-0294
■D　T　P――難波田見子
■印刷製本――モリモト印刷（株）

ISBN978-4-86692-088-7